创新思维训练与创造力开发

INNOVATION AND CREATIVITY TRAINING

主编：陈工孟

经济管理出版社
ECONOMY & MANAGEMENT PUBLISHING HOUSE

欢迎扫描国泰安创业就业
服务中心微信公众号，扫
码或访问国泰安创业服务
中心官网。

http://ee.gtafe.com

GTA 创特创业系列教材

GTA 创新创业系列教材

主编

陈工孟

指导专家

李家华   俞仲文   廖文剑   何国杰   唐应元   王春雷

仇旭东   丁 艳   鲜于均   房巧红   高思凯

廖志德（台） 张秉伦（台） 马孟骏（台）

编写委员会

张晶晶   盛 洁   皮竟成   李昌俊   徐小红   康 伟

赵 静   傅小凤   徐晨晨   李 洋   李 政   张 伟

创业之路，创新当先

当翻开这本书的时候，希望不只是翻开了创新创业学习的新篇章，也是翻开了整个人生的新篇章。未来的创新创业道路或许会有曲折，但这也是成长必须经历的阵痛。"坚持就是胜利"，只要勇于坚持、勇于创新，回报必然也是丰厚的。

创新创业，青年当先

青年学生是"大众创业，万众创新"的主力军之一，也是国家保持发展与繁荣的根本保证。创业的大时代已经来临，希望大家能够好好把握学习的机会，不断提升自己，不断创新，努力实现 心中的"中国梦"！

我们
为什么不会创新

介绍创新思维的障碍以及
创新的七大来源；指出人
人都有创新的潜能。

2

我们
为什么要创新

介绍什么是创新以及创新
思维；指出创新对社会、
企业以及个人的意义。

1

GTA 创新创业 系列教材

创新技法 **3**

介绍了观察分析、创意激发、跨界整合和组织执行四大技法。

创新大未来 **4**

指出未来创新的三个领域：文化创意产业、互联网+创新、工业4.0创新。

目录

Contents

1 我们为什么要创新

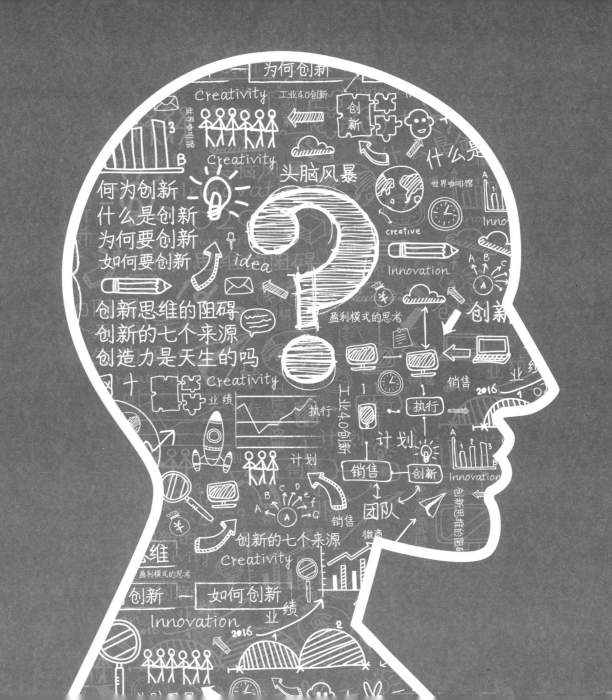

1.1 什么是创新

idea

"小缺口"造就"大创新"

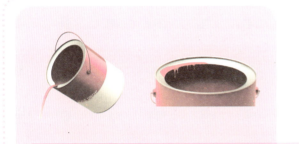

也许你认为这只是一个普通的油漆桶，但仔细一看，你会发现左边油漆桶的周围边口处有一个小缺口，它仅是一个对常规的油漆桶边缘进行改良的升级创意设计，但却为使用带来了相当大的便利。因为这样的小缺口能起到很好的引流作用，使用时用户就能更精确地掌控倒出的量，以及不使油漆溅得到处都是。

你是否曾遇到这样的情况：门口的灯光非常昏暗，眼睛无法看清楚钥匙孔；或者喝醉酒之后回家，即便将身体蹲下来，用眼睛直视钥匙孔，也很难将钥匙正确地插进那小小的钥匙孔？看看左边这款钥匙孔设计，也是在周边设置了一个缺口：一个很大的凹槽，而且有一定的弧度，即使在灯光昏暗、醉酒的情况下也能轻易地找到钥匙孔。

左边的托盘和右边的托盘有什么区别呢？显然，左边的托盘周围边口也采用了缺口的设计：一个个小槽口。这些小槽口刚好可以从中间卡住酒杯，使得酒杯不会因为手的晃动而轻易移动。这对于新手服务员来说绝对是救世主——再也不用担心托盘上的酒杯晃动甚至掉落了。

小小的一个缺口设计，也能造就一个新的产品。你是如何理解"创新"的呢？

寻找你身边的创新产品，想一想这些创新是如何得来的。下一个创新的人会是你吗？

知识点 1　创新的概念

创新是个古老又时髦的词语。2014 年，李克强总理在夏季达沃斯论坛上提出"大众创业，万众创新"的号召，让"创新"成为全民热议的焦点，也成为当下出现频率很高的火热词汇。

创新的英文是 Innovation，起源于拉丁语，原意有三层含义：①更新；②创造新的东西；③改变。

关于"创新"的概念，各学科有不同的解释。一般而言，"创新"是指创造和发现新东西，或者可以认为是对旧有的一切所进行的替代、覆盖。

创新就是创造性地破坏。
——熊彼特

清华大学科学与社会研究所教授李正风认为："创新"一词在我国存在着两种理解：①从经济学角度来理解创新；②根据日常含义来理解创新。

1.1.1 经济学角度的 "创新"

最早提出创新概念的是美籍奥地利经济学家熊彼特，他在 1912 年出版的德文著作《经济发展理论》中首次提出了创新概念和创新理论。熊彼特认为，"创新"就是把生产要素和生产条件的新组合引入生产体系，即"建立一种新的生产函数"，实现经济新的发展过程。

这种新组合包括：
（1）引入一种新产品或提供一种产品的新质量。
（2）采用一种新的生产方式。
（3）开辟一个新的市场。
（4）获得一种原料或半成品的新的供给来源。
（5）实行一种新的企业组织形式等。
显然，熊彼特提出的创新首先是一个经济学的概念，并且体现了技术创新（新产品制造、新生产方式、新原料利用、新市场开发）和制度创新（新的组织形式）的思想。

熊彼特的理论一开始并没有引起足够的重视，直到 1934 年他的作品用英文出版后，才引起了学界的广泛关注。熊彼特之后，特别是通过最近几十年来的理论探索和实际应用，技术创新无论在理论还是实践上都超越了熊彼特创新理论的范围，得到了极大的深化和发展。理论方面，创新逐步从专指技术创新的狭义概念扩展到包括技术、市场、组织和管理等多种要素的广义的创新。

经济发展理论

创新是资本积累、个人致富之源

[美] 熊彼特 著

北京出版社

1.1.2 日常概念的"创新"

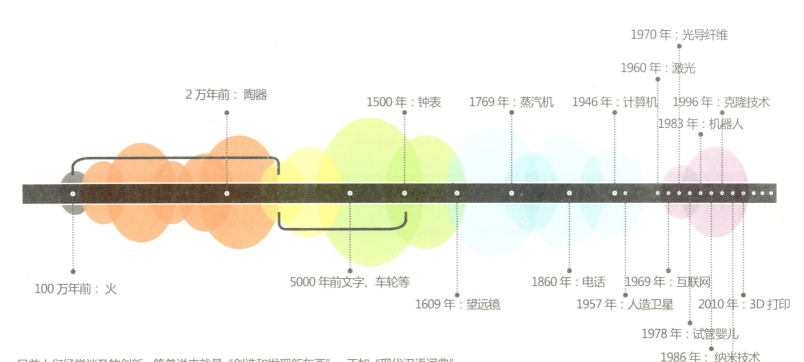

2 万年前：陶器

1970 年：光导纤维

1960 年：激光

1500 年：钟表　　1769 年：蒸汽机　　1946 年：计算机　　1996 年：克隆技术

1983 年：机器人

100 万年前：火

5000 年前文字、车轮等

1609 年：望远镜

1860 年：电话　　1969 年：互联网

1957 年：人造卫星　　2010 年：3D 打印

1978 年：试管婴儿

1986 年：纳米技术

2004 年：修复手套

目前人们经常谈及的创新，简单说来就是"创造和发现新东西"。正如"现代汉语词典"
对创新的解释：创新就是抛开旧的，创造新的。

从这个广义的概念上看，人类社会的每一次进步都离不开创新。

知识链接　　知识点 2　创新的本质

　　从本质上讲，创新是一个多元性的概念，具有内在动态性，而且内涵和性质一直在演变。这些特性逐步为人们所认识。

1. 创新来源的多样化

　　现实中，创新决不仅来自研发，也源自很多方面——意外发现、人类对清洁能源的需要、可持续发展、市场、用户、设计、经济结构、管制变化……甚至某个失败的项目都可能产生创新机遇。作为创新之源，这些渠道的重要性不低于研发。

　　有多少科学发现是因为不注意卫生问题而成就的呢？这里就有一个例子：一位笨拙的材料研究者不小心将实验柜上的烧瓶碰掉了，烧瓶摔在地上却没有成为尖锐而危险的碎片。原来，这是一个用过但未被正确洗涤的烧瓶，残留在杯壁上的塑料使得碎片没有散落开来。后来这种经过摔打只出现裂纹而不会四处溅出玻璃碎片的安全玻璃就被发明了，今天被广泛应用于汽车、飞机和特种建筑物的门窗等。

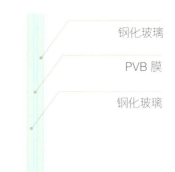

钢化玻璃

PVB 膜

钢化玻璃

夹胶玻璃结构示意图

2. 创新内涵的丰富性

　　创新远远不止技术创新和产品创新，还包括业务流程创新、商业模式创新、管理创新、制度创新、服务创新以及创造全新的市场以满足尚未开发的顾客需要，甚至新的营销和分销方法等。星巴克、eBay、维基百科都是极其出色的商业模式创新。品牌管理、事业部制则是价值卓越的管理创新。这些都表明，创新经济决不仅限于高技术部门。

星巴克的成功秘诀：独特的商业模式创新

　　"变"是永恒不变的原则，"创新"是企业生命力的延续。在星巴克的体验营造过程中，企业适时地根据营销环境等因素的变化，做出合理的调整，充分发挥想象力不断推出新的体验业务，以不断更新的差异化体验来吸引顾客。2002 年，星巴克率先在咖啡店提供无线上网服务，让顾客可以一边惬意地享受咖啡，一边上网冲浪。2004 年，星巴克推出"赏乐咖啡屋"店内音乐服务。顾客一边喝咖啡，一边可以戴着耳机利用店内电脑中的音乐库选择自己喜爱的音乐，并做成个性化的 CD 带回家。

　　2010 年，星巴克将独一无二的"星巴克体验"进一步延伸到了中国消费者所喜爱的茶饮品领域，推出了中式茶和异域茶两大类共 9 款茶品，沉淀了星巴克在全球茶饮品领域的丰富经验。在金融服务方面，星巴克引入了一种预付卡，顾客提前向卡内存入一定金额后，就可以通过高速因特网的连接，在星巴克 1000 多个连锁店刷卡付款，这给顾客们提供了更方便的结账方式，把顾客的结账时间缩短了一半。在新产品的研发方面，从卡布奇诺、星冰乐、咖啡味啤酒等新创意的巨大成功，到投入巨资的浓缩咖啡萃取技术的研发成功，无不表明了星巴克在创新方面拥有很大的优势。

上图　星巴克标识演变　© starbucks
下图　星巴克创始人　© starbucks

3. 创新程度的差别性

创新在程度上的巨大差别，是创新多元性的第三个重要方面。既有像微处理器、苹果的 IOS 系统这种革命性创新，也有外观设计变化这类渐进性创新，例如手机的翻盖、滑盖、旋转、透明、彩屏等创新……

创新程度的差别性除了革命性创新和渐进性创新外，还有结构式创新、跳跃式创新以及随身听（索尼）这种创造空缺市场的创新等。

2 年，1.8mm 的进化

2004 年，摩托罗拉推出厚度只有 13.9mm 的 V3，8 年之后摩托罗拉刀锋发布，7.1mm 的厚度震惊了全球，掀起了手机厚度的讨论热潮。2012 年，OPPO 发布了厚度仅为 6.65mm 的 Finder，刷新手机机身厚度纪录。之后我们看到华为 P6 的 6.18mm，vivo X3 的 5.7mm，一时之间，厚度成为手机厂商 PK 的差异点，但是受制于电池、散热、拍照等原因，机身厚度难有大的突破，一直在 5mm 以上徘徊。2014 年秋天，OPPO 呈现了第一款机身厚度在 5mm 以下的产品——OPPO R5，厚度仅有 4.85mm。不过没过多久，这个纪录就被 vivo X5 Max 的 4.75mm 打破。

"对于 OPPO 来说，这样的竞争是好事，更能促进我们持续地进步"，OPPO 副总裁 Alen 告诉钛媒体。

根据 Alen 的说法，从 Finder 开始，OPPO 一直就在寻求突破和创新，Alen 坦言每次革新都是有风险的，但即便如此也不要做一个跟随者活在其他品牌的阴影之下。而根据 OPPO 内部设计人员透露，在目前的产品库里，还有更薄的产品，只是考虑到用户的体验和接受程度，并没有拿出来。事实上，2012 年 Finder 的推出更像是一个"无心之举"，并不在 OPPO 产品线的规划之内，而是结构工程师和产品设计师忽然冒出的一个想法，私下把天线、射频以及硬件整合，做出了一个模型，拿给决策层 Show 了一下，决策层表示很惊讶，立马批准了这个项目。如今我们回过头来看，可以说 Finder 对整个 OPPO 品牌的塑造都起到关键性的作用，之后才有了 Find 5、Find 7 旗舰的诞生。2012~2014 年，机身厚度由 6.65mm 到 4.85mm，完成了 1.8mm 的进化，由此可见 R5 更像是对 Finder 的致敬。

4. 参与者的多样化

　　参与者的多样化，也是创新多元性的一种体现。创新不是某个部门或少数几个人的任务，而是遍布整个企业的思维方式。现代的创新甚至不局限于一个企业的内部，而是呈现出网络化协作的特征，研发和设计部门、合作企业、用户、供应商、大学、政府，甚至竞争对手，都可能参与其中。受互联网和全球化影响，创新构思的来源和协作范围也得到极大扩展，创新的多元性还意味着正确寻找和选择创新构思、有效组织实施创新，并在适当的时间限度内把创新带向市场，也就是企业创新方式的创新。

IBM 2006 年创新大讨论　　©IBM

一场由数十万人参与的创新风暴

　　2006 年，IBM 业务咨询服务事业部战略与变革咨询服务全球负责人 Marc Chapman，在全球范围内访问了 765 名 CEO，并于 2006 年发布了一份全球 CEO 研究，该研究显示，这些 CEO 中有 45% 的人认为，企业创新的关键来源是最普通的员工，而专职于创新研究的研发部门提供的创新不到 20%，另外，有 35% 以上的 CEO 认为，企业外部创新来源于业务合作伙伴和客户。正是这个结论让 IBM 有了展开创新大讨论这样的想法。2006 年 11 月 14 日，在 IBM 员工大会上，IBM 公司 CEO 彭明盛宣布将投资 1 亿美元用于 10 个创新观点。

　　值得注意的是，这些观点全部来自创新即兴大讨论——一场由 IBM 发起的有史以来规模最大的在线头脑风暴，这也开创了一个企业在实现创新方面的新路径。这场创新大讨论吸引了来自 104 个国家的 15 万人参与，包括 IBM 的员工、员工家属、高校、业务伙伴和来自 67 个国家的客户。在两场 72 小时的讨论中，参与者共发表了 46000 个想法，综合了 IBM 最先进的研究和技术，并结合他们自身的应用来解决现实中的问题和新兴商业机遇，经过数次筛选，最终确定了 10 个创新方向。

现代创新还有一个显著特征：仅靠单纯的技术创新一般说来无法取得商业成功。一方面，创新包含的知识产权和技术越来越多，单个技术创新不能保证整个创新成功；另一方面，企业要想从某个技术创新中取得实在的商业利益，常常需要其他多种创新的配合。苹果电脑推出 iPod 产品时用了 7 种创新，其中包括音乐下载平台 iTunes 这一商业模式创新。

iPod 的成功模式

苹果公司真正腾飞是以 iPod 热卖为起点的，而成就的原因是汇聚焦点的产品策略和重视用户体验的创新理念。事情的美妙之处在于，它证明了苹果式的创新、苹果式的工程学以及苹果式的设计都是至关重要的。iPod 占据了 70% 的市场份额。

iPod 以设计和感受取胜，是苹果对"把技术简单到生活"的实践，"站在苹果的角度，我们面对每件事情时都会问：怎么做能使使用者感觉方便？"在 iPod 试用过程中，乔布斯和他的团队意识到整个 iPod 平台还存在缺陷，那就是能够下载音乐的在线商店。他们知道必须有一个更简单的途径为

iPod 得到更多的音乐，而不是通过往电脑里一张张地塞 CD。于是，苹果将 iTunes 从一个单机版音乐软件变为一个网络音乐销售平台，让人们将单曲从互联网下载到他们的 iPod 播放机上，收费仅为 99 美分。由此开始，苹果 iPod 也超越音乐播放器的概念，成为一种全新的生活体验。

苹果 iPod 为消费电子市场开创了一种新的商业模式，这是一种远比技术发明更重要的价值创新。从技术上来说，MP3 并不是苹果发明的，网络音乐下载也不是苹果的首创，但将两者结合却是苹果 iPod 的创新。这种"产品"加"内容"的模式一举奠定了苹果公司在 MP3 市场上的霸主地位。

创新的动态性和变化性特点表明，任何关于创新概念的解释都不能算是最终的定义。20 世纪 90 年代，创新的主要议题是技术、质量控制和降低成本。今天，创新的涵义大大扩展了——企业以效率为中心而组织，以创新和成长为中心而再造，以及把设计当作创新和差异化之源等。

也许根本就没有必要严格地界定创新，那样反而限制了思维创新。企业也不要把创新看得高不可攀。其实，创新并非什么高深莫测的神话，而是人类最普遍的行为。有句话非常形象地描述了创新的真谛：创新无处不在，无人不能。

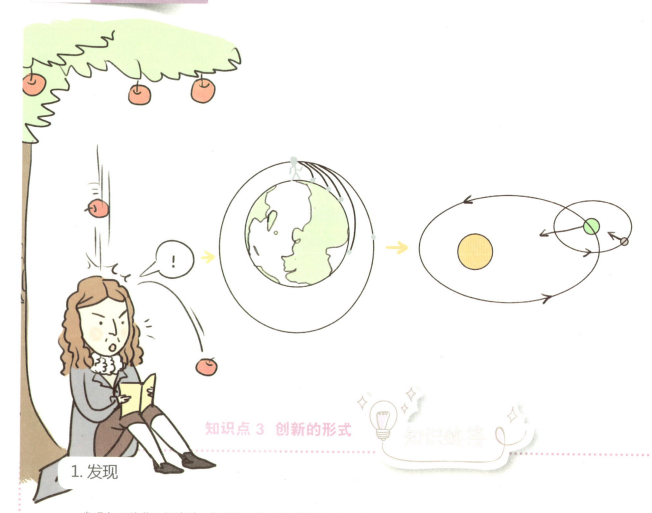

知识点 3 创新的形式

1. 发现

　　发现与"科学"相关联，指观察事物而发现其原理或法则，即发现已经存在但不为人知的规律、法则或结构和功能。发现主要是寻找或认识两个方面的东西，一个方面是对自然界各种原理、规律的寻找或认识；另一个方面是对社会发展规律的寻找或认识。例如，牛顿通过苹果从树上掉了下来的事实发现万有引力定律，而且从数学上论证了万有引力定律。

2. 发明

发明与"技术"和"工艺"相关联。发明与发现密切相关。发现是通过观察事物而发现其原理；发明是根据发现的原理而进行制造或运用，产生出一种新的物质或行动。例如，我国"杂交水稻之父"袁隆平根据科学依据发明的杂交水稻。根据发明的实质，发明又可分为"基本发明"和"改良发明"两类。

3. 革新

革新即变革或改变原有的观念、制度和习俗，提出与前人不同的新思想、新学说、新观点，创立与前人不同的艺术形式等。人类社会是不断发展变化的，为适应这种变化，人们原有的伦理道德、价值观念、政治制度、法律制度、婚姻家庭制度、礼仪制度、生产制度和宗教制度等，也必须不断地革新。企业界的革新往往表现为技术革新、制度革新、流程革新等。

 拓展阅读

在投资人眼里，究竟什么是创新？

我觉得创新说土一点就是男人的行为，你想让自己过得更舒服，你想让很多东西有所改变，就进行一次创新。

——天使投资人　蔡文胜

我觉得创新就是要敢走别人不能走的路，取得别人没有的成就。

——北极光创投创始人、董事总经理　邓锋

我只能说在创新过程当中，你对自己做的事情要充满热情和强烈的好奇心。

——红杉资本中国基金创始人、执行合伙人　沈南鹏

我觉得创新只是一个手段，我们的目的是为了实现我们的梦想。要创新首先要有一个很好的创意，特别是对我们的商业模式创新，我们要改变它的现状最终来实现我们的梦想。

——IDG 资本创始合伙人　熊晓鸽

我觉得创新是一种心态，当人人都说你是傻瓜的时候，你觉得自己像乔布斯就好了，所以创新在于敢于与众不同。

——真格基金创始人、主管合伙人　徐小平

创新就是对好奇的追求，对生活方式的选择。

——赛富亚洲投资基金首席合伙人　阎焱

（资料来源：创业邦，http://www.cyzone.cn/a/20130912/245079.html）

1.2 什么是创新思维

图书馆搬家的故事

因大英图书老馆年久失修，在新的地方建立了一个新的图书馆，新馆建成后，要把老馆的书搬到新馆去。这本来是搬家公司的事，没什么好策划的，把书装上车，拉走，摆放到新馆即可。问题是预算需要 350 万英镑，但图书馆却没有那么多钱。眼看雨季就要到了，不马上搬家，这损失就大了，怎么办呢？

正当馆长苦恼的时候，一个馆员问馆长苦恼什么？馆长把这个情况给馆员介绍了一下。几天之后，馆员找到馆长，告诉馆长他有一个解决方案，不过仍然需要 150 万英镑。馆长十分高兴，因为图书馆有能力支付这些费用。

"快说出来！"馆长很着急。

馆员说："好主意也是商品，我有一个条件。"

"什么条件？"馆长更着急了。

"如果把 150 万英镑都花尽了，那权当我给图书馆做贡献了；如果有剩余，图书馆把剩余的钱给我。"

"那有什么问题？ 350 万英镑我都认可了，150 万英镑以内剩余的钱给你，我马上就能做主！"馆长坚定地说。

"那咱们签个合同？"馆员意识到发财的机会到了。

合同签订了，不久就实施了馆员的搬家方案。花 150 万英镑？连零头都没有用完，就把图书馆里的书搬完了。

原来，图书馆在报纸上发出了一条惊人的消息：从即日起，大英图书馆免费、无限量向市民借阅图书，条件是从老图书馆借出，还到新馆……

小组讨论 1

你还能想到其他既省钱又省事的方法帮图书馆搬家吗？

小组讨论 2

根据以上案例，你认为创新思维有什么特别之处呢？

知识点 1　思维及其特点

思维是灵魂的自我谈话。

——古希腊哲学家　柏拉图

思维是地球上最美丽的花朵。

——恩格斯

思维世界的发展，在某种意义上说，就是对惊奇的不断摆脱。

——爱因斯坦

心理学认为思维是人脑对客观现实概括的和间接的反映，它反映的是事物的本质和事物间规律性的联系。思维同感知觉一样是人脑对客观现实的反映。感觉和知觉是当前的事物在人头脑中的直接的映象，反映的是事物的个别属性、个别事物及其外部的特征和联系，属于感性认识；而思维所反映的是一类事物共同的、本质的属性和事物间内在的、必然的联系，属于理性认识。

人们在生活实践中还常常遇到许多仅靠感觉、知觉和记忆解决不了的问题。实践要求人们在已有的知识经验的基础上通过迂回、间接的途径去寻找问题的答案；实践要求人们对丰富的感性材料进行"去伪存真、去粗取精、由此及彼、由表及里"的改造制作功夫，达到问题的解决。这种"改造制作"的功夫，这种通过迂回、间接的途径获得问题的答案的认识活动，就是思维活动。

1. 思维过程的间接性

通过事物相互影响的结果或通过其他媒介来间接地认识事物，是思维过程的第一个重要特点。其实，任何一种科学，都能给予我们许多间接认识的例证。例如，医生检查病人的体温和脉搏，听视病人身体的一定部位，就能断定直接观察所不能达到的病人内部器官的状态。巴甫洛夫通过条件反射的研究，就能探知直接观察所不能达到的大脑皮层中所进行的生理过程，就能认识高级神经活动的基本规律。

例如，这里有两块外表极其相似的金属，我们要知道它们之间哪一块比较硬一些。我们看，看不出；我们摸，摸不准；我们嗅，嗅不到。任凭我们怎样直接地感知它们，都得不到精确的答案。我们得"开动脑筋"想个办法。我们使它们相互摩擦，就可以发现其中的一块上面留有伤痕，而另一块却没有伤痕。据此，就可推想出没有伤痕的那块金属比留有伤痕的金属要硬一些。

2. 思维过程的概括性

石头碰地板，地板就破；铁锤敲石块，石块就碎；菜刀砍钢板，菜刀就会有缺口……我们概括了所观察的诸如此类现象，得出这类现象的一般特性，发现这类现象之间的规律性的联系和关系。这种对事物一般特性和规律性的联系和关系的认识，就是对事物的概括认识，这是思维过程的第二个重要特点。

例如，我们为什么会推断出那块没有伤痕的金属比那块留有伤痕的金属要硬一些呢？这是由于我们在生活实践中概括地知道金属的相对硬度与摩擦成伤之间的因果关系：每当两个具有相对硬度的物体相摩擦时，其中较硬的常常会擦伤硬度较差的。没有这种概括的认识，我们是不可能间接地得出如此推断的。

知识点 3 创新思维及其特点

　　创新思维是指以新颖独创的方法解决问题的思维过程，通过这种思维能突破常规思维的界限，以超常规甚至反常规的方法、视角去思考问题，提出与众不同的解决方案，从而产生新颖的、独到的、有社会意义的思维成果。创新思维的本质在于将创新意识的感性愿望提升到理性的探索上，实现创新活动由感性认识到理性思考的飞跃。创新思维也可以从广义和狭义两个方面来进行解释。

1. 广义的创新思维

　　一般认为，人们在提出问题和解决问题的过程中，一切对创新成果起作用的思维活动，均可视为广义的创新思维。它强调的是思维者思考的问题是生疏的，没有固定的思维程序和模式可以套用的思考活动。任何具有新颖独到之处的思维，都可以视为创新思维。

2. 狭义的创新思维

　　狭义的创新思维是指人们在创新活动中直接形成创新成果的思维活动，如一种新的理论的建立，新技术的发明或对新的艺术形象进行塑造的思维活动。思维成果的独创性这时显得尤为重要，是前所未有的，它要被社会承认并产生巨大的社会效应。

创造性思维具有以下五大特征

1 概括性

创新思维是各种思维的综合、集中与凝聚化,是建立在各种思维基础上的整体。

多元性 2

善于从事物的多侧面、多环节、多因素、多层次、多角度来进行思考。

3 新颖性

思维的结晶倘若没有新意,也就谈不上创新思维。

开放性 4

善于大量地、广泛地吸收外界各种信息,在与外界各种信息的交换和反馈中不断吸收新东西。

5 想象性

创新思维并不是纯粹的抽象思维,不是空无形象的纯概念活动,它自始至终伴随着创新性的想象,不断地改造着旧表象、创造着新表象。

拓展阅读

创新思维也许只是一厘米的差距

一家啤酒公司发布了一则消息，面向各大策划公司诚征宣传海报，开价是 50 万美元。消息一出，国内许多策划公司趋之若鹜，不到半个月，这家啤酒公司就收集了上千幅广告作品，但是，这些作品大都不尽人意，最终，分管宣传的负责人只得从上千幅作品中选择了一幅相对较为满意的作品。

这幅作品的大致内容是这样的：一只啤酒瓶的上半身，瓶内啤酒汹涌，在瓶颈处，紧握着一只手，拇指朝上，正欲顶起啤酒瓶的瓶盖。这幅海报的广告标语是："忍不住的诱惑"！

但是，这幅作品交给啤酒公司的老总定夺时，老总仅仅看了两秒钟左右就给否决了，理由是，这种创意略显生硬，并且用拇指来开酒，这种做法十分危险，若是用这种广告，因开酒而导致拇指受伤肯定会大幅度增加，如若那样的话，势必会有许多消费者来起诉我们，那就得不偿失了。

这无疑是一个完美的拒绝。既说出了拒绝的原因，又彰显了啤酒公司对消费者无微不至的关怀。

看到这家啤酒公司的老总如此挑剔，许多策划公司纷纷望而却步。这时候，一个艺术系的学生听说了

（来源：万炜. 创业案例集锦 [M]. 中国人民大学出版社，2013）

这个消息，当即胸有成竹地接过一个策划公司的电话，他打算试一试。啤酒公司很爽快地答应了他的要求，两天后，这位学生就拿着自己的作品走进了啤酒公司老总的办公室。

也同样是两秒钟左右，啤酒公司的老总从自己的座位上站了起来，然后激动地说："年轻人，太棒了，这才是我想要的！"这位艺术系的学生也如愿以偿地得到了 50 万美元稿酬。

第二天，啤酒公司的海报就铺天盖地地见诸各大平面媒体。想知道这幅海报的内容吗？其实很简单：一只啤酒瓶的上半身，在瓶颈处，紧握着一只手，瓶内啤酒汹涌，几乎要冲破瓶盖冒出来，这时候，瓶颈处紧握的那只手用拇指紧紧地压住瓶盖，尽管这样，啤酒还是如汩汩清泉溢了出来。

这幅海报的广告标语是："啤酒，精彩按捺不住！"

同样是一只拇指，仅仅是变换了一下位置，向上位移了一厘米，转换了一下姿势，就赢得了 50 万美元！这在许多人看来，未免也太投机取巧了。然而，你可曾想过这样短短一厘米的背后，差距究竟是多少呢？

1.3 不创新就灭亡

不创新，就灭亡

不创新，就灭亡。

——亨利·福特

格言背景：
20世纪70年代，福特公司濒临破产之际，
亨利·福特如此总结教训。

亨利·福特是世界上唯一享有"汽车大王"美誉的人，他不但给美国装上了车轮子，甚至可以说，是他将人类社会带入了汽车时代。

福特早期生产出的"T"型车简单、耐用、低价，这使福特汽车很快占据了世界汽车市场68%的份额。

在这个过程中，老福特不断创新，他推出"八小时工作制"，发明了"生产流水线"，还创造性地提出了"科学管理"的理念。在这些创新下，福特家族一度"富可敌国"。但是老福特的创新却逐渐走向了教条化。

20世纪20年代，美国进入了大众化富裕时代，福特却仍认为应该勤俭生活，继续拼命生产"T"型车，提高质量，降低成本。但当时的美国人更需要速度、造型、环保以及个性化，需求越来越多元。但固执的

福特汽车依旧颜色单调，而且耗油量大，排气量大，完全不符合日益紧张的石油供应市场和日趋严重的环境保护状况。

小福特建议老福特推出豪华型轿车，却不被采纳，老福特甚至亲自用斧子劈毁了儿子的新车型。而通用汽车和其他几家公司则紧扣市场需求，制定正确的战略规划，生产节能低耗、小型轻便的汽车。在20世纪70年代的石油危机中，通用汽车一跃而上，而福特汽车却濒临破产。

老福特这才意识到自己的错误判断，转而根据小福特的意见推出豪华型轿车。但是先机已失，老福特感慨地总结说："不创新，就灭亡。"

[节选自：王者的顿悟 [J]. 中外管理，2007（增刊）]

小组讨论 1

谈谈你对"不创新就灭亡"
这句话的理解。

小组讨论 2

请用案例来说明你的观点。

知识链接　　创新对社会 / 企业 / 个人的作用

1. 创新对社会的作用

　　人类社会的发展和进步，是通过不断创新来实现的。创新不仅是推动人类文明进步的主要因素，而且也是保护和传承文明的主要动力。一个民族如果没有创新的能力，既无法在激烈的竞争中生存和发展，也无法保护和传承本民族优秀的文化传统。只有不断创新，才能永葆自己的文化特色，才能永远屹立于世界民族之林，才有可能继承和弘扬民族文化。因此，创新是一个民族的灵魂，是一个国家兴旺发达的不竭动力。

　　刚迈进 21 世纪的中国之所以能够如此迅猛地发展，是因为创新在其中扮演了重要的角色。例如，国防实力的提升、教育水平的提高、科研成果的不断问世、航天事业的迅猛发展……无一不以创新作为它们的中坚力量。只有创新，才可以打破传统的思维模式；只有创新，才可以不断取得进步；只有创新，才可以时刻都走在世界前列。创新，无时无刻不在改变我们的生活，推动社会的进步。

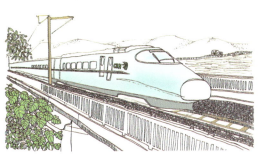

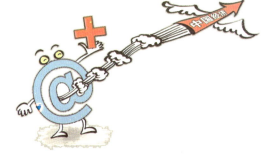

2. 创新对企业的作用

彼得·德鲁克指出，21 世纪，企业唯一重要的事情就是创新。

为什么诺基亚在新兴的智能手机市场上节节败退，而苹果 iPhone 则成为了这个时代最标志性的代表？为什么乐高进军视频游戏、影视和主题公园面临破产，而回归传统游戏却成就了一个领先创新的公司？为什么亚马逊能够成功通过大数据满足客户需求，提供便捷的 Kindle 阅读体验，让用户锲而不舍地使用和追随？因为创新，智慧的创新！

对于一个企业而言，创新可以包括很多方面：技术创新、体制创新、服务创新……创新是实现可持续性商业成功的必要因素，创新能够在市场波动的环境中，保护企业的有形资产和无形资产，维持企业的健康发展。能够持续产生效益的创新是个动态发展的过程，并贯穿企业发展的各个方面，体现在持续不断地发掘新的商业模式、激发有效的创意、改善客户体验、应用新技术、开发新产品和开拓新市场。

1 技术创新
华为在"小灵通"火热时期，却把巨资投入到当时还看不到"钱景"的 3G 技术研发，事实证明，任正非的判断是正确的。

2 服务创新
在火锅店市场趋于饱和的情况下，海底捞之所以能够异军突起，靠的正是服务创新，海底捞的"感动式服务"让顾客甘愿买单。

3 产品创新
蒙牛运用产品创新策略推出特仑苏，剑指高端定位，获得了市场的认可。"不是所有的牛奶都叫特仑苏"让消费者迅速记住了它。

4 商业模式创新
京东商城利用对产品的熟悉、对顾客心理的掌控、对网络市场发展的推动等创新商业模式，成功地将 3C 产品引入了网上市场。

"我的工作不要求 / 不需要我有创新"

"我手头的工作已经堆积成山了，哪有时间再去想创新"

"没用的，老板不会喜欢这个想法的"

小心，这些想法可能让你在白热化的竞争中成为可有可无的人！

3. 创新对个人的作用

在竞争激烈的人才市场，很多人带着茫然、彷徨的心情，在频繁求职中不断碰壁，焦灼地等待心仪公司的面试结果，他们经常在脑海里闪现这样一个念头："什么时候才能由我来选择公司呢？"其实，每个人从一开始踏入职场就应该思考这个问题：如何打造自己的核心竞争优势，提升职业竞争能力？市场环境在不断变化，作为一个即将步入职场的大学生，职业发展的机遇与平台也在变化。如何在不变与变化之间把握平衡点，走出具有自己特色的职业光明大道呢？答案是除了持续提升专业能力外，还应该注重创新能力和意识的培养！当今社会已经进入创新型的时代，创新型人才越来越受到企业的青睐，创新能力是每个职业人士不可或缺的能力，它构成了职业人士的核心竞争优势。

要记住：创新不是你完成工作后再做的事情，而是你的工作方式。创新，不仅意味着发明新的产品和服务，而是还要找到一种方法来增加你所在的组织以及你所做工作的价值。无论你身处什么行业，从事什么工作，你都有机会使工作变得更简单、更人性化，你可将创新运用于任何工作、任何部门、任何组织。

拓展阅读　**这六大科技创新将改变你生活**

（资料来源：http://tech.163.com/14/1224/10/AE7L2CHR000915BD.html）

1. 大数据

2010 年，谷歌执行董事长埃里克·施密特在一份声明中表示，全球大约每隔一天就能产生 5 艾字节的数据，而如今这一数字几乎已经翻倍，飙升至 10 艾字节。

英特尔中国研究院院长吴甘沙于 12 月 11 日表示，解决大数据的问题需要强大的计算力和基于开放架构的平台，这都是英特尔所擅长的，英特尔的目标就是"要让大数据说人话，而且相关的应用能够尽快平民化"。

2. 人工智能

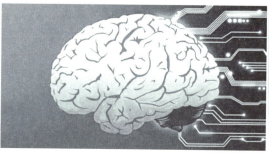

据报道，微软正在"教"Skype 分析演讲和对话，让 Skype 的翻译功能可以实现实时的同声传译，甚至还能模仿人类的语音语调。

2014 年，终于有一个计算机程式首次通过图灵测试：一个名为 Eugene Groostman 的电脑聊天程序。这意味着，我们现在已经有愚弄人类的电脑程序了，让你以为你正在和另一个"人类"聊天。但未来科技并不是为了愚弄人类，而是要创造个有人类思维的东西。

3. 与机器人同行

美国 Rethink Robotics 公司的 Baxter 工业机器人以及 Universal Robots 公司推出的轻巧工业型机器人十分令人瞩目。

正如麻省理工学院（MIT）机器人实验室的机械工程学助理教授 Sangbae Kim 所说那样，"2014 年，我们能在周围看到越来越多的机器人。" 2015 年，MIT 的研究人员创造了一款名为猎豹（Cheetah Robot）的机器人。

4. 纳米技术与材料科学

5. 电池

6. 曲屏显示

2014 年，可以看到许多纳米科技上的突破，比如使用纳米材料、平台及生物分子知识来诊断和治疗癌症。

而纳米技术的发展正推动着材料科学的发展。比如防水手机材料、可防毒的新型纳米织物等。这意味着，未来或将出现一些新的材料。

2015 年，第一届国际智能材料大会让我们了解了一些有趣的新材料，比如智能生物材料、智能纳米材料、智能流体、水凝胶、形状记忆高分子材料等。

对于大多数电子产品制造商来说，锂电池电量不够用，似乎是一个魔咒。无论设备如何更新换代，技术如何日新月异，根本的问题是这些电子产品的锂电池始终没有大的突破。

2014 年，美国国家标准与技术研究院发表报告称，他们的科学家正在开发以钠为基础的符合金属氰化物的电池。更便宜、更稳定、电力更充足的电池似乎正在"来的路上"。

LG 开发的弧面 OLED 显示屏、三星的 Gear Fit 智能手环的问世，都让人们开始对曲屏产品有所期待。

据韩国市场调查机构的调查显示，2013 年在智能手机市场中仅占 0.2% 的曲屏智能手机，截至 2015 年和 2018 年将分别增至 12% 和 40%。曲屏智能手机的竞争将更加激烈。

美国主流网络媒体 BI 日前对 2015 年即将推出的最好新科技产品进行了盘点，而三星的曲屏手机也榜上有名。

2 我们为什么不会创新

2.1 创新思维的阻碍

2.2 创新的七个来源

2.3 创造力是天生的吗

2.1 创新思维的阻碍

彩色电扇的故事

引导案例

日本的东芝电气公司 1952 年前后曾一度积压了大量的电扇卖不出去，7 万多名职工为了打开销路，费尽心思地想了不少办法，依然进展不大。有一天，一个小职员向当时的董事长石坂提出了改变电扇颜色的建议。在当时，全世界的电扇都是黑色的，东芝公司生产的电扇自然也不例外。这个小职员建议把黑色改为彩色，这一建议引起了石坂董事长的重视。经过研究，公司采纳了这个建议。第二年夏天东芝公司推出了一批浅蓝色电扇，大受顾客欢迎，市场上还掀起了一阵抢购热潮，几个月内就卖出了几十万台。从此以后，在日本，以及在全世界，电扇就不再是统一的黑色面孔了。

小组讨论 **1**

思维定势是如何阻碍思维创新的呢?

小组讨论 **2**

还有哪些创新是打破了思维定势的呢?请举例说明。

上述案例中只是改变了一下颜色，大量积压滞销的电扇，几个月之内就销售了几十万台。这一改变颜色的设想，效益竟如此巨大。而提出它，既不需要有渊博的科技知识，也不需要有丰富的商业经验。为什么东芝公司其他几万名职工就没人想到、没人提出来？为什么日本以及其他国家的成千上万的电气公司，以前都没人想到、没人提出来？这显然是因为，自有电扇以来都是黑色的。虽然谁也没有规定过电扇必须是黑色的，而彼此仿效，代代相袭，渐渐地就形成了一种惯例、一种传统，似乎电扇都只能是黑色的，不是黑色的就不能称其为电扇。

这样的惯例、常规、传统，反映在人们的头脑中，便形成一种心理定势、思维定势。时间越长，这种定势对人们的创新思维的束缚力就越强，要摆脱它的束缚也就越困难，越需要做出更大的努力。东芝公司这位小职员提出的建议，从思考方法的角度来看，其可贵之处就在于，他突破了"电扇只能漆成黑色"这一思维定势的束缚。

创新意味着让思想中破"牢笼"，开发创造性思维。可是，很多人却苦于走不出思维定势，面对创新的时代需求只能徒叹奈何。那么，究竟是什么在阻碍人们的思维创新？如何打破思维创新的"瓶颈"？

1. 有笼必有鸟——心理图式

　　一位心理学家曾和乔打赌说："如果给你一个鸟笼，并挂在你房中，那么你就一定会买一只鸟。"乔同意打赌。因此心理学家就买了一只非常漂亮的瑞士鸟笼给他，乔把鸟笼挂在起居室桌子边。结果大家可想而知，当人们走进来时就问："乔，你的鸟什么时候死了？"乔立刻回答："我从未养过一只鸟。""那么，你要一只鸟笼干嘛？"乔无法解释。

　　后来，只要有人来乔的房子，就会问同样的问题。乔的心情因此被搞得很烦躁，为了不再让人询问，乔干脆买了一只鸟装进了空鸟笼里。

　　心理学家后来说，去买一只鸟比解释为什么他有一只鸟笼要简便得多。人们经常是首先在自己头脑中挂上鸟笼，最后就不得不在鸟笼中装上些什么东西。

2. 狗鱼思维——拒绝变化

有一种鱼叫作狗鱼。狗鱼很富有攻击性，喜欢攻击一些小鱼。科学家们做了这样一个实验：把狗鱼和小鱼放在同一个玻璃缸里，在两者中间隔上一层透明玻璃。狗鱼一开始就试图攻击小鱼，但是每次都撞在玻璃上。慢慢地，它放弃了攻击。

后来，实验人员拿走了中间的玻璃，这时狗鱼仍没有攻击小鱼的行为——这个现象被叫作狗鱼综合征。狗鱼综合征的特点是：对差别视而不见、自以为无所不知、滥用经验、墨守成规、拒绝考虑其他的可能性、缺乏在压力下采取行动的能力。

思维定势一旦形成，有时是很悲哀的。这也是我们要不断学习新知识、新观念的原因之一：形势在不断变化，必须关注这些变化并调整行为。一成不变的观念将带来毫无生机的局面。

3. 阿西莫夫的智商——惯性思维

所谓惯性思维就是思维沿前一思考路径以线性方式继续延伸，并暂时地封闭了其他的思考方向。

阿西莫夫从小就很聪明，有一次一位汽车修理工给他出了一道题："有一位聋哑人，想买几根钉子，就来到五金商店，对售货员做了这样一个手势：左手食指立在柜台上，右手握拳做出敲击的样子。售货员见状，先给他拿来一把锤子，聋哑人摇摇头。于是售货员明白了，他想买的是钉子。聋哑人买好了钉子，刚走出商店，接着进来一位盲人。这位盲人想要一把剪刀，请问，盲人将会怎么做？"

阿西莫夫顺口答道："盲人肯定会这样。"他伸出食指和中指，做出剪刀的形状。听了阿西莫夫的回答，汽车修理工开心地笑起来："哈哈，答错了吧！盲人想买剪刀，只需要开口说'我买剪刀'就行了，他干嘛要做手势啊？"这就是惯性思维，前一个思路对后一个思路形成了制约。

4. 猴子实验——群体惯性

有科学家曾做过一个实验：将 4 只猴子关在一个密闭的房间里，每天喂很少食物，让猴子饿得吱吱叫。数天后，实验者从房间上面的小洞放下一串香蕉时，一只饿得头昏眼花的大猴子一个箭步冲向前，可是它还没拿到香蕉时，就被预先设置的高压水枪攻击，当后面三只猴子依次爬上去拿香蕉时，一样被水枪攻击。于是猴子们只好望"蕉"兴叹。

又过了几天，实验者换进一只新猴子进入房内，当新猴子也想尝试爬上去吃香蕉时，立刻被其他 3 只猴子制止，并告知有危险，千万不可尝试。实验者再换一猴子进入，当这只猴子想吃香蕉时，有趣的事情发生了，这次不但剩下的 2 只老猴制止它，连没被水枪攻击过的半新猴子也极力阻止它。

实验继续，当所有的猴子都已换过之后，仍没有一只猴子敢去碰香蕉。上头的水枪机关虽然取消了，而水枪浇注的"组织惯性"束缚着进入笼子的每一只猴子，使它们对唾手可得的盘中美餐——香蕉，谁也不敢前去享用。

这就是群体惯性形成的过程。在变化莫测的市场环境中，企业要想赢得竞争优势，就必须学会随着时代的发展变化而迅速调整，否则只能像故事中的猴子那样，在昨天的教训上平白失掉明天的机会。

5. 引火烧身 —— 线性思维

一个漆黑的夜晚，司机老王开着一辆"除了喇叭不响什么都响的"北京吉普外出，车行驶到半路抛了锚，他初步判断是油耗尽了，便下车检查油箱。没带手电筒就顺手掏出打火机照明，随着"轰"的一声巨响，他就什么也不知道了……

等他醒来时正躺在医院的病床上，是一位路过的好心司机救了他，车报废了，脸毁了容，万幸的是命总算捡了回来。老王说："当时只是想借打火机的光，看清油箱里究竟还剩多少油；根本没想到打火机的火会引爆油箱并引火烧身。"这就是典型的由"线性思维"惹的祸。

线性思维模式有两个基本特点：

（1）把多元问题变为一元问题。客观对象所包含的问题往往是多元的，线性思维模式要求把其中一个问题突出，把其余问题撇开，或者把复杂问题归结为一个简单问题，然后予以处理。

（2）用一维直线思维来处理一元问题，使之成为具有非此即彼答案的问题，并排除两个答案中的一个。

6. 保守的力量 —— 惰性思维

惰性思维是指人类思维深处存在的一种保守的力量，人们总是习惯用老眼光来看新问题，用曾经被反复证明有效的旧概念去解释变化世界的新现象。不去尝试，不敢冒险，因循守旧，大好的时机和自身无限的潜能被白白地葬送，挫折和失败的悲剧肯定不可避免。

从历史上看，对文明进化过程中出现的突变，人们做出的反应常常是迟钝甚至抗拒性的。盖伊·川崎和米凯莱·莫雷诺在《创新的法则》中饶有兴趣地罗列了如下诸多保守反应：

真要把"电话"当作通信工具的话，它还是有许许多多的缺点，这个东西对我们本来就是无用的。

——西部联合公司内部备忘录，1876 年

尽管电视也许在理论上和技术上是可行的，但从商业和资金方面来讲，我认为不可能，对这方面的发展我们还是少浪费梦想的时间吧！

——李·德福雷斯特，《纽约时报》，1926 年

人绝对登不上月球，不管将来的科学多么先进。

——李·德福雷斯特，《纽约时报》，1957 年

没有理由要每个人家里有一台电脑。

——肯·奥尔森，数字设备公司总裁，1977 年

（飞机）是有趣的玩意儿，但无军事价值。

——马雷夏尔·费迪南·福什，高级军事学院院长暨战略学教官，1911 年

路易·巴斯德的细菌理论是一种可笑的虚构。

——皮埃尔·帕谢，图卢兹大学生理学教授，1872 年

超越惯性：每个人都要注意"洗脑"，惯性不可避免，关键是要注意超越，不要被惯性"套牢"。思想是最革命也是最保守的，前一场革命可能是后一场革命的"凶手"，每一个新的突破都可能演变成新的定势，即使最激进的变革者，也要防止重蹈历史的覆辙。从这个意义上来说，对惯性的不断突破不仅是方法，更是一种品质。在创新为"王"的时代，每个人都要注意去除脑子里陈旧过时的观念，及时革新固化的思维。

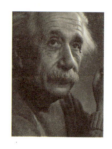

我们的观念决定我们所看到的世界。

——爱因斯坦

知识点 2 偏见思维

知识链接

1. 被经验淹死的驴子 —— 经验偏见

一头驴子背盐渡河，在河边滑了一跤，跌在水里，那盐溶化了。驴子站起来时，感到身体轻松了许多。驴子非常高兴，获得了经验。后来有一回，它背了棉花，以为再跌倒，可以和上次一样，于是走到河边的时候，便故意跌倒在水中。可是棉花吸收了水，驴子非但不能再站起来，而且一直向下沉，直到淹死。

驴子为何死于非命？很重要的一个原因是机械地套用了经验，受了经验偏见思维的影响，未能对经验进行改造和创新。

2. 鸡眼思维 —— 利益偏见

所谓利益偏见不是指由于你的利益关系会导致你的立论有意识地明显偏颇，而是指一种无意识的偏斜——对公正的微妙偏离。

利益偏见更普遍的情况则是所谓的"鸡眼思维"，也就是马克思所说的："愚蠢庸俗、斤斤计较、贪图私利的人总是看到自以为吃亏的事情；譬如，一个毫无修养的粗人常常只是因为一个过路人踩了他的鸡眼，就把这个人看作世界上最可恶和最卑鄙的坏蛋。他把是否踩了自己的鸡眼当作评价人们行为的标准。"

在现实生活中，一般人都有自己的偏见，例如，大多数的恋人都认为自己找到了世上最好的人，大多数孩子也都会得出结论说自己的父母是世界上最好的父母。所谓"王婆卖瓜自卖自夸"就是一种典型的利益偏见思维模式。

3. 不识庐山真面目——位置偏见

一则禅的故事说的是小海浪与大海浪的对话：

小海浪：我常听人说起海，可是海是什么？它在哪里？

大海浪：你周围就是海啊！

小海浪：可是我看不到。

大海浪：海在你里面，也在你外面，你生于海，终归于海，海包围着你，就像你自己的身体。

尼克松总统水门事件被黜后，跌至人生谷底，这时他才得以悟出："最美的风景不是登上峰顶所看到的，而是下到谷底抬头所体会到的"这个道理。这与哈维尔在历经磨难后所得出的结论是一样的："为了在白天观察星辰，我们必须下到井底，为了了解真理，我们必须沉降到痛苦的底层。"这就叫"思不出其位"。

每个人都生活在一定的社会坐标体系中，各种思想无不打上鲜明的烙印，连老黑格尔也说过："同一句格言，出自青年人之口与出自老年人之口是不同的，对一个老年人来说，也许是他一辈子辛酸经验的总结。"这正是：少年听雨歌楼上，红烛昏罗帐。壮年听雨客舟中，江阔云低，断雁叫西风。而今听雨僧庐下，鬓已星星也。悲欢离合总无情，一任阶前点滴到天明。站在什么样的年龄位置就会有什么样的感情。这与站在什么样的物理位置，就会得出什么样的认知是一样的。

4. 情人眼里出西施——文化偏见

一个英国人、一个美国人、一个日本人和一个中国人在一家咖啡店点了一杯咖啡，但咖啡里有一只苍蝇，这四个人会有什么反应呢？

英国人：非常扫兴，掏出钱包买了单就走了。英国人素以绅士而闻名，所以他的举动就不难理解了。

美国人：笑着对服务员说："我只要了一杯咖啡，你为什么还在咖啡里给我加了一点'咖啡伴侣'啊？"美国人素以幽默著称，他的举动也好理解。

日本人：非常气愤，大声将服务员叫过来要求立即更换一杯，而且要求不能再出错了。日本人做事讲究精致到位，他的举动也不难理解。

中国人：非常生气，大声把服务员叫过来说："请马上把你们的领导叫过来。"在中国人的眼里，形成了一种思维定势，只有领导才能解决问题。

这个小故事告诉我们：每个人都受到自己所在地域、国家、民族长期积淀的文化的影响，看待问题的角度不可避免地打上文化、宗教、习俗的烙印。

课堂演练

1

请问汽车停在几号车位呢？

16　06　68　88　　98

这是中国香港小学入学考试的一道题，你能在 20 秒之内给出答案吗？

2

· · ·

· · ·

· · ·

你能用四条或者更少的直线把上方图中的九个点连起来吗（不要断笔，也不要重复画线）？

3

100 米

一条河宽 100 米，现要架设一座桥，它架在河的哪一部分才能使 A 地到 B 地走的距离最短（河的宽度是一样的，且不允许斜着架桥）？

4

一小学办理新生入学手续时，有两个孩子来报名。他俩的脸型一样，身材也差不多，出生年月日一样，父亲、母亲的名字也一样。"你们俩是双胞胎吗？"老师问。"不是！"他们俩异口同声地回答。老师奇怪了，他俩到底是什么关系？

2.2 创新的七个来源

再也不怕上医院了，
儿童医院里的可爱 CT 机

BEFORE　　BEFORE

孩子恐惧　　家长崩溃

AFTER　　AFTER

哇～海盗船！

小孩子都怕去医院，医院也怕小孩子。大家都知道所有医院的放射科阴森冰冷，螺旋 CT 的造型与视觉效果都很容易引起孩子恐慌，当场哭闹不止，医生和家长见状也很崩溃。很多时候，为了数据准确家长不得已就选择了全身麻醉，但这个解决办法多少会伤害孩子的脑神经。

但是左图的这台 CT 机可能让孩子们天天想去医院。纽约的长老会摩根斯坦利儿童医院重新设计了他们的 CT 机机房，赋予了可爱的海盗主题，放射科的主任医生 Carrie Ruzal-Shapiro，说道："这里没有恐怖的海盗，而是可爱的海盗，看上去就像《好奇的乔治》里的世界，小病人也反响热烈，医院对他们来说就不那么可怕了。"

好的医院设计，应该是人性化巧妙处理关键科室的布局，在不影响检测准确性的前提下，引入艺术手段或者卡通形象舒缓就诊儿童紧张情绪。纽约的这家医院虽然只是重新设计了一下 CT 机机房，却很好地缓解了儿童对 CT 机的恐惧，也让家长如释重负。这个小小的创新在医院广受好评，这家医院平均每天有 200 个患儿，其中 150 个会来到放射科进行 CT 扫描，年龄从刚出生到 21 岁，从新生儿疾病、畸形和脑瘤到各种疑难杂症的患者都有，连 17~21 岁的成年病人也会要求选择海盗 CT 机。

小组讨论　**1**

你认为案例中 CT 机的创新点子来源是什么？

小组讨论　**2**

请列举更多的关于创新的案例，分析它们的创新来源。

知识链接

在管理学经典《创新与企业家精神》中，管理大师彼得德鲁克曾一针见血地指出，要进行系统化的创新，企业需要在每隔 6 ~ 12 个月就打开企业的天窗，看一看外面的世界。

德鲁克将"机会的窗口"分类归纳为七扇，并指出这七扇窗是任何一家公司都可以拥有的、可靠的创新来源。德鲁克认为，对于大企业来说，创新是有意识、有目的地寻求机会的结果。而这七扇窗的打开毫无疑问为大企业的创新带来了这样的机会。

意外事件　不协调的事件　程序需求　产业和市场变化　人口结构的变化　认知上的变化　新知识

1. 意外事件

德鲁克认为，没有哪一种来源能比意外成功提供更多创新机遇了。它所提供的创新机遇风险最小，整个过程也最不艰辛，但是意外成功却几乎完全受到忽视。更糟糕的是，管理者往往主动将它拒之门外。如在企业的产品线中，有一种产品的表现要好过其他产品，大大出乎管理层预料，管理者正确的反应会是什么呢？

当还只是一家餐饮连锁企业时，万豪的管理者注意到，他们在华盛顿特区的一家餐馆生意特别好。经过调查，他们了解到是因为这家餐馆对面是一座机场，当时航班不提供餐饮，很多乘客会到餐馆买些快餐带到飞机上。于是，万豪酒店开始联系与航空公司合作——航空餐饮由此诞生。

意外的成功可以提供创新机遇，意外的失败同样是非常重要的创新机遇来源。福特的埃德赛尔（Edsel）经常被商学院的教授们当作新车型的典型失败案例援引，但大多数人并不了解，正是"埃德赛尔"的失败为福特公司日后的成功奠定了基础。

当此款汽车遭遇失败时，福特当时的管理层并没有把失败归咎于消费者，而是意识到汽车市场正在发生一些变化，认为市场细分不再是依据不同收入划分，而是出现新的划分方式，即我们现在所称的"生活方式"。福特在此认知分析调查的基础上，最终推出了"野马"（Mustang），一款在市场上独树一帜且使公司重新获得行业领先地位的车型。

需要注意的是，意外的失败不是掉以轻心导致的，而是经过周详计划并努力实践后还是失败了。这样的失败就值得重视，因为分析失败原因的过程，就是发现事实的变化进而发现创新机遇的过程——也许是公司战略所依据的假设不再符合现实状况；也许是客户改变了他们的价值和认识……诸如此类的变化都可能带来创新的机遇并涉及其他创新来源，如不协调及产业结构和市场结构发生改变等。

航空餐饮

埃德赛尔

福特野马跑车

2. 不协调的事件

不协调是指现状与事实"理应如此"之间，或客观现实与个人主观想象之间的差异，这是创新机遇的一个征兆。这些不协调包括产业的经济现状之间的不协调，产业的现实与假设之间存在的不协调，某个产业所付出的努力与客户的价值和期望之间的不协调，程序的节奏或逻辑的内部不协调。

关于不协调的事件，德鲁克给出了四种情况：经济现状的不协调；现实和假设的不协调；所认定的客户的价值和客户实际的价值（追求的东西）之间的不协调；程序的节奏或逻辑的内部不协调。集装箱的例子就属于第二种情况。

集装箱的首次出现也源于行业的假设与现实之间的不协调。20 世纪 50 年代之前，航运业一直致力于降低航运途中的成本效率，争相购买更快的货船，雇用更好的船员，但成本仍居高不下，导致航运业一度濒临消亡。直到货运集装箱出现，航运总成本下降了 60%，航运业才起死回生。

集装箱的发明者用简单的创新解决了现实和假设之间的不协调。航运业当时的重要假定是：效率来自更快的船和更努力的船员，而事实上，主要成本来自轮船在海港闲置、等待卸货再装货的过程中。当方向错了时，越努力就越失败——船开得越快，货装得越多，到港后要等待的时间就越长。

3. 程序需求

实质上，程序需求这方面的创新是寻找现有流程中薄弱或缺失的环节。这种需要既不含糊也不笼统，而是非常具体的，因为肯定有"更好的方法"会受到使用者的欢迎。在基于程序需求的创新中，组织中的每一个人都知道这个需求的存在。但是，通常情况下，没有人对此做出反应。然而，一旦出现创新，它则马上被视为"理所当然"而被接受，并很快成为"标准"。

基于程序的创新是从工作或任务出发的，而基于不协调的创新往往是因为形势所迫。尽管在不协调的四种现象中，有一种也是与程序有关的，但德鲁克单独把程序需求作为一个来源提出来，是因为它与不协调是基于两种不同的感知（发现）途径，需要创新者对一项具体工作或任务进行研究，而不是对行业所在环境进行研究。

一些新手开车时，往往在紧急状态下踩错刹车，把油门当刹车，造成车祸。上海一位 17 岁的女中学生设计出一个传感器，能够迅速判断出是误踩油门，并转换成自动刹车。专家认为，此项创造发明可创造 60 亿元的市场价值。这个创意就是"基于程序的需要"。

巴西阿苏尔航空公司以机票低廉而著称，但却没有更多的巴西人愿意搭乘它们的航班。经过研究发现，原因在于乘客还需要从家里乘出租车到机场，而这可能要占到机票费用的 40%～50%，同时又没什么公交系统或者火车线路可以完成这样一个行程的支持。

换言之，"从家到机场"是顾客流程的一部分，但却没有得到有效的满足。于是，阿苏尔航空决定为乘客提供到机场的免费大巴。如今，每天有 3 万名乘客预定阿苏尔航空的机场大巴车，阿苏尔航空也成为巴西成长最快的航空公司。

4. 产业和市场变化

市场和产业结构有时可持续很多年，从表面上看非常稳定。实际上，市场和产业结构相当脆弱，受到一点点冲击，就会瓦解，而且速度很快。一旦发生这种情况，产业中的每一个成员都不得不有所反应。继续以前的做事方式势必会带来灾难，而且可能导致一个公司的消亡。但是，市场和产业结构的变化同样也是一个重要的创新机遇。

产业和市场结构会发生变化，通常是由于客户的偏好、口味和价值改变。另外特定行业的快速增长也是行业结构变化的可靠指标。

历史悠久的公司往往会保护已经拥有的市场，且不会对新手的挑战进行反击。

当市场或行业结构发生变化，传统的行业领先企业会一次又一次地忽略快速增长的细分市场。就好像历史上所有的古代帝国、公司和个人，一旦创造出一件美好的事物，机制或身体内部就会产生一种免疫功能，自动保护它免遭破坏。但与此同时，新的创新机遇也隐藏在其中，虽然其很少符合传统的市场方式、界定方式和服务方式。

柯达的失败就是因为它倾向于重复地做同一件事情，一直做下去，忽视了市场和产业结构的变化。在过去的十几年里，影像行业出现了革命性的技术创新和市场转向，柯达作为全球最大的影像公司，未能赶上潮流，一步步陷入生死存亡的绝境。而事实上，早在1975年，柯达就发明了第一台数码相机，管理层们知道胶卷总有一

天会消失，但是不知道什么时候会发生。虽然柯达1998年就开始深感传统胶卷业务萎缩之痛，但柯达的决策者们由于担心胶卷销量受到影响，一直未敢大力发展数字业务。

结果，当市场结构真正变化时，一切都来不及了。2004年，柯达推出6款姗姗来迟的数码相机，但利润率仅为1%。2011年，这家百年企业的市值蒸发超过90%，不得不于2012年在美国申请破产保护。

5. 人口结构的变化

在创新机遇的外部来源中，人口结构通常被定义为人口数量、人口规模、年龄结构、人口组合、就业情况、受教育状况以及收入情况。相比于其他来源，人口结构的变化是最可靠的一个来源。

在中国，据估计，到 2020 年，60 岁以上的人数将达到 2.48 亿人，到 2040 年，这个数字是 4.37 亿人，约占总人口的 1/3。生于 20 世纪 80 年代且育有子女的超过 9000 万人，这是一个庞大的细分市场。应用德鲁克的创新机遇分析，我们会发现，从老年群体到年轻一代以及他们的孩子，中国有好几个细分市场可以为产品和服务提供机会。

美国有一家鞋业连锁店，名叫梅尔维尔。它接受了战后"生育高峰"的事实。当时，它还是一家名不见经传的小店。20 世纪 60 年代初，在第一批"生育高峰"期出生的人进入青少年阶段之前，梅尔维尔就把自己的经营对准了这个新市场。它为青少年顾客特别开设了新颖的与众不同的专卖商店。它对产品重新进行了设计，并把十六七岁的年轻人设定为自己广告和商品推销的重点对象。随后，它又将经营范围从鞋类扩展到青少年系列服饰。结果，梅尔维尔成为美国发展最快而且盈利最高的零售店之一。10 年以后，其他的零售店才开始迎合青少年的需求。而这时，人口的结构重心已开始从青少年向 20~25 岁的年龄层转移。

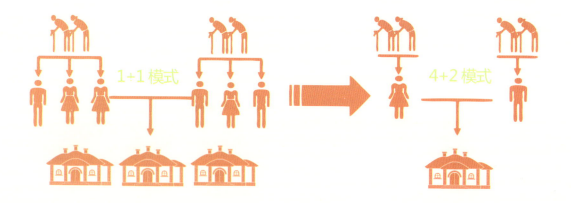

6. 认知上的变化

从数学角度看，"杯子是半满的"和"杯子是半空的"这两句话没什么差异。但是，它们之间的意义却全然不同，因此，所产生的结果也完全相反。如果把杯子看成是"半满的"转变为"半空的"，其中就存在了重要的创新机遇。

意料之外的成功和失败都可能意味着认知和观念的转变。认知的改变并不能改变现实，但是它能够改变事实的意义，而且非常迅速。意义从"杯子是半满的"改变为"杯子是半空的"。从将自己看作劳动阶级，注定要进入自己的人生位置，到把自己看作中产阶级对自己的社会地位和经济机遇有很大的把握权，意义发生了变化。这种变化可以来得很快。美国人口的大部分从将自己看作劳动阶级改变为把自己看作"中产阶级"的时间可能不会超过 10 年。

20 世纪 50 年代初的一个例子也是利用认知变化的一个证明。1950 年左右，美国人开始铺天盖地地将自己描述为"中产阶级"，而且基本上不考虑收入或职业。很显然，美国人已经改变了他们对自己社会地位的认识。但是这个变化意味着什么？一位名叫本顿（William Benton）的广告公司的行政官员（来自康涅狄格州的众议员）走出去，询问人们"中产阶级"一词对他们意味着什么。调查的结果很清楚：与"劳动阶级"相比，"中产阶级"意味着相信自己的孩子有能力通过优良的成绩而晋升。于是本顿买下了"大英百科全书"公司，并开始向第一代孩子读到高中的家庭的父母兜售百科全书——大部分人是通过高中老师。"如果你想成为中产阶级，"推销员实际上是这样说的，"你的孩子必须拥有一套百科全书，才能在学校中有好成绩。"三年之内，本顿使一个濒临破产的公司起死回生。10 年以后，该公司开始在日本重施故技，以同样的理由获得了同样的成功。

7. 新知识

纵观那些书写历史的创新，都是基于某种新的知识——无论这种知识是科学的、技术的，还是社会的。以知识为基础的创新，是创业精神中的"超级明星"。它吸引公众注意，能获得投资。它是人们经常谈到的创新的最普遍形式，关于新知识的创新案例不胜枚举。从柴油发动机、飞机、计算机、工业自动化生产线、青霉素、塑料等自然科学和技术产品，到管理学、学习理论、报纸等非科技的社会创新，都展现了新知识创新在推动人类进步上所发挥的重大影响。

德鲁克归纳了关于新知识创新的三个特征

在所有创新的来源中，新知识的利用所需要时间最长。在新的知识出现和被吸收用于新技术之间，存在着很长的时间差。而新技术要以产品、流程、服务的形式投放于市场，又是一个漫长的过程。以工业自动化生产线和化学疗法的临床运用为例：从最初的研究发现到最终的大规模应用，分别花费了 27 年和 25 年。

B

　　新知识创新从来不基于一个因素，而是几种不同知识的汇合。一个典型的案例是喷气式发动机，这一发明早在 1930 年就取得了专利，但直到 1941 年才进行首次军事实验，而首架商业喷气式飞机直到 1952 年才诞生。波音公司最终研发出波音 707 客机是 1958 年，也就是喷气式发动机取得专利的 28 年之后。因为新飞机的研发不仅需要发动机，还需要空气动力学、新材料以及航空燃料等多方面技术的汇合。

C

　　市场接受度不明确。其他类型的创新都是利用已经发生的变化来满足已经存在的不同的需求，而知识创新本身就是在引起变化，它必须自行创造出需求。其风险较高，因为没有人可以准确预测使用者对它的态度是接受还是排斥。1861 年最初发明电话的赖斯正是因为当时人们认为"电报已经足够好"的普遍心态而放弃了进一步研发电话的机会。但当 15 年后贝尔为电话申请专利时，人们立即对此做出了积极的反应。

拓展阅读

扼杀创新的 4 种想法：为什么鼓励创新的公司却缺乏创新

几乎所有的企业都声称自己是创新企业、鼓励创新。但是这种想法本身并不能真正鼓励创新——就连无法适应变革而倒下的柯达和诺基亚，其实也是号称"鼓励创新"的企业。

因为人的组织天生就有以下这些惯性，导致拒绝创新。

1. 不必要的假设

先看这样一个故事：

一位父亲和他的儿子发生了车祸，父亲当场就死了，儿子被人匆忙送入医院。手术室里，外科医生看到这个男孩说："我不能给他做手术，他是我的儿子。"

当你看到这个故事的时候，你的第一反应是什么？我想很多人的反应跟我一样：男孩可能是外科医生的私生子。

打住！在你尽情幻想整个故事的狗血情节之前，请看这个故事最真实的解释：一个孩子的爸爸死了，当医生的妈妈在手术台前看到这个孩子。是的，没有什么私生子，没有"狗血八卦情节"，这其实只不过是一个非常寻常的车祸案件。

但是你为什么第一反应是"这个孩子是外科医生的私生子"呢？因为在你大脑的潜意识假设中，外科医生是男性。而且整个故事大量出现的"他""男孩"等男性词汇，更加强化了你的这一假设。

而实际上，在你做判断的时候，这种假设是不必要的。当你怀着根本不必要的假设来判断一件事时，你就容易做出错误的判断。但是我们长久形成了某种固定的习惯（比如见到的大多数外科医生都是男的），导致这种过去的习惯被我们当成了"现实"或者"金科玉律"。而当我们拿这种所谓的"金科玉律"来处理新问题的时候，就往往就会拒绝创新。

（编选自：http://www.niubb.net/a/2015/04-25/290763.html）

2. 过度追求可预见性

企业或者任何组织压制创新的另一种方法就是对"可预见性"的追求。

对"可预见性"的追求几乎是所有人的天性，当听到一个陌生的想法、某种陌生的工作流程，或者仅仅是见到一种陌生的产品，大部分人内心自然就是拒绝的。

想想有多少人在智能手机刚出现的时候对它嗤之以鼻就知道了——"这个太难学会了吧？""不会用。"

你难道不会对这样的评价感到震惊？竟然有人觉得20个按键的手机比1个按键的手机还要"易用"，而且这些人在几年前竟然是大多数。其实他们潜意识中真正的想法并不是智能手机难用，而是智能手机"太陌生"。

有研究发现，在全新产品上市时，不论有多少广告宣传，都有80%以上的人只"感兴趣"并不购买。大部分人在看到自己的朋友用某款新产品之前（不论是智能手机还是智能手环），自己是绝对不会买来试用的。

这就是人天生的本性，而这样的本性导致企业内出现大量的压制创新的行为存在。如果你有类似的经验，你一定对这样的场面似曾相识：你经过了长时间的思考和分析，终于想出了一个绝佳的策略——"根据目前的情况，我们需要改进团队的工作流程"。然后你兴冲冲地找到上司去讲，就会发现：对方在1秒之内就开始皱眉头，然后感觉不行。可是人怎么可能在这么短的时间内完成思考呢？在这么短的时间内完成问题界定、可行性分析等过程，然后最终得出答案是不行——人怎么可能做到这一点？

这一切都说明了拒绝你的人根本没有进行最起码的"思考"，而是完全出于对"陌生感"拒绝的本能。一旦被这个本能激发，剩下的事情就简单了：他们会质疑你没有详细的数据支撑，会指出你"Too Young Too Simple"，会吐槽"竞争对手做了吗？竞争对手没做，我们急什么"。然后他们会发现这样的逻辑连自己都说不过去（毕竟只有做竞争对手没有做的东西，才能享受先发优势），最后会拿"我还是看看吧"、"现在资源很紧"等原因拒绝。

人们对"可预见性"有着天生的需求，对陌生也有着天生的恐惧。不信你回家跟爸妈说："妈，我不去考公务员了，我想去思路特工作。"这时你爸妈根本不会去了解思路特哪里比公务员有优势，甚至都懒得问你思路特到底是什么，就会直接拒绝。他们的拒绝既不是理智分析的结果，也不是所谓的"人生经验的积淀"，而是纯粹的对陌生感的天然厌恶。而这样对"可预见性"的需求简直是公司内"扼杀创新"的巨大杀手。

他们一定要求详尽的数据分析，一定要求做别人已经做过的事情，一定要至少找一个"标杆企业"对比一下，这些追求有时候并没有降低项目风险，它真正降低的其实是"陌生感"，它带来的并不是"效益提升"，而是"心理慰藉"。

所以如果有机会，你可以问这个问题：请问你的拒绝是仔细了解情况、分析利弊后的产物，还是出于天生的对陌生感的拒绝和对可预见性的追求？

3. 只想减少错误

严格地控制以减少出错——不论是控制每一个生产流程还是控制员工的关键绩效指标（KPI），是很多企业得以成功的保证。

多年来，无数管理咨询公司都在向企业兜售"严格控制"的方法。不论是强调精益管理，还是推销六西格玛理论（把错误率控制在百万分之几的水平），本质都是在通过"严格控制以减少出错"来提升效益。

笃信"严格控制论"的公司认为成功就是"把错误减少到最小"。但是实际上并不是，因为公司或者个人的成功其实依赖两方面的因素：

成功＝减少坏事＋增加好事

是的，想办法"减少一切的错误"并不会让一个公司持续成功，一个公司的成功还取决于增加"好"的方面——不断地创新，单纯地"减少坏事"并不够。就像你把自己所有的病都治好了，也不代表你变健康了，你只是变得"没有病"而已。而要想变健康，还要"增加好事"——如健身、游泳、规律作息等。

但是很多公司关注的焦点只是"减少坏事"，他们笃信"控制论"，认为自己只要控制了一切过程，所有的地方都不出错，就能获胜。

有些公司的分析师团队就是这样：他们把所有的时间都花在了"遵守内部规定"上，而不是"寻求新的发现"。他们把大量的精力用在了遵守既定的模型、符合现有的PPT模板上，因为这样至少可以按照要求"交活"。这样虽然在一定程度上"减少了坏事"，但是同样也"减少了好事"——杀死了创新。

实际上，很多公司内伟大的创新都是工作流程之外的产物——如3M便利贴、谷歌邮箱等。正是这样"妄图通过严格控制来降低一切错误"的行为，压制了创新——因为没有了试错的空间（PS：这并不是说不要"减少错误"，而是应该平衡"减少错误"和"增加好事"，不能只关注一方）。

（编选自：http://www.niubb.net/a/2015/04-25/290763.html）

4 压制意外

在美国"9·11"恐怖袭击之前，FBI 有一名特工（肯尼斯·威廉姆斯）曾经发现了一些巧合：

有几位阿拉伯男子在学习开飞机，自相矛盾的是，他们并不想学习起飞和降落技术，而这两项恰恰是最难掌握的而且最关键的开飞机技能。这引起了威廉姆斯的注意：一个不会起飞，不会降落的飞行员能做什么呢？这样学习开飞机有什么用？没有任何一家航空公司愿意雇用这种人。然后一个可怕的想法进入这位特工的脑中：这样学习开飞机，唯一的用途就是劫机并且自杀式袭击吧！这个特工立刻致信给总部，要求调查全国学习开飞机的可疑人员，并且发出了可能有"劫机事件"的警告。

但是这样的警告被上司忽略了，他们认为这个意外完全是巧合，不值得考虑。的确，在很多人眼里，"意外就是意外"，它只不过是巧合而已。

他们只想完成今天的工作，在他们看来，探究新奇的想法、渴望在意外事件中发现线索简直是不成熟的行为，所谓的成熟的人必须跟他们一样："只想尽快把工作搞定。"在这样的团队中，只要有一点打破常规的东西，就被视为按时完成计划和按部就班的威胁。

想象一下，假设公司的项目已经做了 90%，这时你突然创造性地发现这个项目存在严重问题，然后提出提议："王总，现在突然发现这个项目有严重问题，我建议我们重新考虑一下，换一种方法做。"这时你觉得你会得到什么样的回复呢？

在大多数情况下，你得到的回复是："不行，我们还是按照现在的计划来，这样才能按时无误地完成计划。"

而上面那个例子就是"挑战者航天飞机失事事件"前发生的事情：即将升空前几天，工程师突然发现了航天器的问题。但是这个问题被当作了按时完成计划的威胁，所以被否决了。最终航天器在升空不久后爆炸了。

结语

大部分人喜欢固定和重复，而这部分人在组织中占据多数，再加上组织本身自带的惯性，让大部分公司天生就排斥创新。他们往往坚持所谓的"金科玉律"，却忽略了它成立的前提假设，而这个假设可能早就变得不必要。

他们讨厌陌生，渴望"可预计的感觉"，相信只要符合既有想法的思路往往是对的。他们强调控制，认为所有人按部就班、按照流程走，就不会出错。

他们压制意外，在他们看来，任何的意外都是"按时完成工作"的威胁，而不是创意和机会的源泉。更重要的是，他们认为这套经验做法是对的，是被证明过的。

著名历史学家丹尼尔·布尔斯廷说过：获取知识最大的阻碍并不是无知，而是对知识的幻觉。同样，对创意最大的阻碍并不是缺乏知识、缺乏经验，而是对知识和经验的幻觉——觉得自己很懂，觉得习惯了的就是正确的。

2.3 创造力是天生的吗

Mac 电脑的创新之路

创新想法一： 个人计算机应当没有噪声，小巧便携

　　苹果二代系列是苹果公司的开拓之作。其关键创新之一，就是乔布斯的一个决定：这款计算机必须是没有噪声的。他之所以会有这个想法，一部分原因是他花了许多时间研究禅道和冥想。乔布斯觉得计算机内置风扇噪声大，使人分心，因此决定不为苹果二代装内置风扇。这在当时可谓是一个非常激进的想法。所有人都认为计算机必须装风扇，因为所有的计算机都需要风扇以防止过热。除非能寻找到产热较少的新型电源，否则要想不装风扇是不可能的。

　　因此，乔布斯开始找人设计新型电源。通过自己的人际关系网，他找到了罗德·霍尔特（Rod Holt）。在乔布斯的督促下，霍尔特放弃了已有 50 年历史的线性电路技术，发明了一种开关电源系统，革新了电子产品的电源供应方式。乔布斯追求无噪声，霍尔特有设计能力，二者的结合产生了一代创新型的电源系统，不需要内置风扇。这就使得苹果二代成为了当时噪声最小、最为小巧的个人计算机。

　　如果乔布斯从来没有问过："为什么计算机一定要装风扇？"也没有问过："我们怎么做才能使计算机即使不装电扇也不过热？"那么苹果公司就不会有今日的盛景。

我想在宇宙间留一点响声。

——史蒂夫·乔布斯

创新想法二：Mac 电脑用户界面、操作系统、鼠标

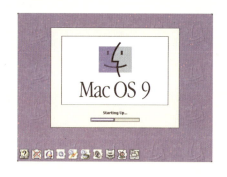

　　1979 年，乔布斯造访了施乐帕克研究中心（Xerox PARC），埋下了设计 Mac 电脑（Macintosh）的种子。当时，主营复印设备的施乐公司成立了帕洛阿尔托研究中心（Palo Alto Research Center），用于设计未来的办公系统。乔布斯邀请施乐公司投资苹果公司，以此换来了去帕洛阿尔托研究中心参观的机会。施乐公司不知道如何把帕洛阿尔托研究中心令人振奋的成果资本化，但是乔布斯知道。

　　乔布斯仔细地观察了帕克的计算机屏幕。屏幕上全是各种图标、下拉菜单和重叠的窗口，鼠标一点就可控制。乔布斯后来回忆说：“我们所看到的是未完成的、有缺陷的产品，但是想法的精髓已经成型……短短十分钟的观察之后，我已经明白，这就是将来所有计算机的运作模式。”接下来的五年内，乔布斯在苹果公司领导设计团队设计 Mac 电脑，也就是第一台使用图形用户界面和鼠标的个人计算机。在此次帕洛阿尔托研究中心之旅期间，乔布斯还有别的发现：他第一次体验了面向对象编程（Object-oriented Programming）。这一编程方式是后来 OS X 操作系统的关键。OS X 系统是乔布斯的另一家公司 NeXT 开发的，后来苹果通过收购 NeXT 公司获得了 OS X 系统。

　　如果乔布斯当时没有去施乐帕洛阿尔托研究中心去观察成果，这一切还会发生吗？

创新想法三：Mac 电脑的桌面排版

Mac 电脑有配套的 LaserWriter 打印机，是第一台将桌面排版介绍给大众的计算机。乔布斯称，如果当年在俄勒冈州的里德学院（Reed College）学习时，他没有选修书法课，Mac 电脑就不会有如此优美的版面。

他说："里德学院当时开设的书法课，也许在全美也可称得上首屈一指。校园里的每一幅海报、每个抽屉的标签，都是用优美的手写体书写而成的。我退学后不需要上一般的课程，因此决定去上书法课，掌握这门技艺。当时，我学了 serif 字体和 sans serif 字体，学了如何调整不同字母组合的字母间距，还学到了成就好版面的技巧。这一切是如此美妙，具有历史感，还有艺术上的精妙之处，这些只用科学是无法创造出来的，因此我被迷住了。在当时看来，这些知识对我的生活毫无用处。但是十年之后我们设计第一台 Mac 电脑时，当时的所学全都涌上了我的心头。我们将这些全盘融入了 Mac 电脑之中，把 Mac 电脑打造成了第一台拥有优美版面的计算机。如果我当时在学校没有无意中选修那门课程，那么第一台 Mac 电脑就不会有多种多样的字体，字母间距也不会那么赏心悦目。Windows 后来在这方面照搬了 Mac 电脑的做法，因此如果我当年没有选修，大概现在所有的个人电脑都不会有多种字体和适宜的字母间距。"

如果乔布斯当年从里德学院退学后，没有决定选修书法课，那么现在的情况会如何？

小组讨论 **1**

你是否认为像乔布斯这样的人生来就有创造力的基因,而其他人没有这种基因?

小组讨论 **2**

研究一下乔布斯这些想法的起源,是哪些因素起到了催化剂的作用?

知识点 1　创新者的特征

知识链接

某个研究所显示的富有创造力的个体的标志

对经验开放
Open to
experience

擅于观察
Observant

**将表面的对立
和矛盾转化**
Reconciles
apparent
opposites

容忍模糊
Tolerant with
ambiguity

选择上比较挑剔
Selective

**需求和承担的
自主权**
Needs and
assumes autonomy

自我依赖
Self-reliant

**愿意承担预估
的风险**
Willing to take
calculated risks

坚持
Presistent

图像思维
Thinks in images

**不屈服于群体的
标准和控制**
Not subject to
group standards
and control

对问题敏感
Sensitive to
problems

产出大量的想法
Generates a
large number of
ideas

灵活性
Flexible

独创性
Original

感觉敏锐
Responsive to
feelings

**对无意识的现象
保持开放**
Open to
unconscious
phenomena

自我驱动
Motivated

对失败不畏惧
Free from fear
of failure

聚焦
Able to
concentrate

**独立判断、思考
和行动**
Independent
in judgment,
thought, and
action

　　今天，我们可以在几分钟之内就了解到发生在地球另一端的新闻事件，可以随时随地和世界任何角落的人进行通信交流、研讨工作、召开会议，也可以在家里购买自己喜欢的商品。环视一下我们的四周，手机、电脑、汽车、电视……几乎所有的东西都是创新的产物。创新，推动了这样一个前所未有的历史巨变，改变了我们的生产方式、生活方式；创新，也成就了诸多商业神话，也让创新者的生活精彩而充满活力。

　　但是，你有没有想过这些创新是怎样实现的？创新仅仅是灵光乍现吗？创新是只属于天才的特权吗？创造力是天生的吗？我们普通人是否也具有创造力呢？

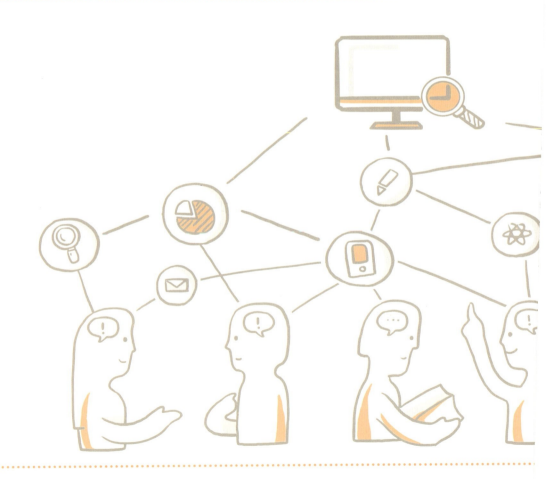

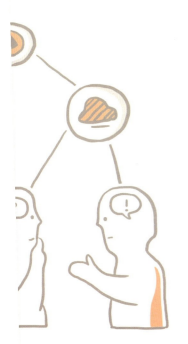

某心理学专家小组以实际从事创造性工作的人与不从事此类工作的人为对象进行了调查研究，并得出如下结论："富于创造力的人，认为自己具有创造力；缺乏创造力的人，不认为自己具有创造力。"

认为"我不具备创造力"的人当中，有的觉得创造力仅仅是爱因斯坦、乔布斯专属，从而不注重对创造力的挖掘与培养。然而智能的科学测量已经说明了创造潜力的相对普遍性，心理学的试验分析也得出结论：创造力是正态分布的，可以通过培训加以提高。任何一个人都或多或少地具有这种能力，创造力的大小更多地是取决于后天的开发和训练，而不是天赋的才能。

莫顿·列兹尼科夫（Merton Reznikoff）、乔治·多米诺（George Domino）、卡洛琳·布里吉斯（Carolyn Bridges）和莫顿·哈尼蒙（Merton Honeymon）曾做过这方面最具综合性的研究，证实了这一点。他们研究了 117 对 15 ～ 22 岁同卵和异卵双胞胎的创造能力。经过 10 个创造力测试，研究人员发现，这些双胞胎在测试中的表现

只有 30% 是由遗传因素决定的。与之形成对比的是，在一般性智力因素测试（IQ 测试）中，80% ～ 85% 的表现都是由遗传因素决定的。因此，一般性智力（IQ）（至少按照科学家测算的方式看来）基本上是先天的禀赋，但是创造力则不是。至少对创造力而言，后天教育比先天禀赋要重要。而另外 6 个针对同卵双胞胎的创造力测试也证实了列兹尼科夫等人的研究结论：人的创造性行为只有 25% ～ 40% 是由遗传因素决定的。这就意味着，其余 2/3 的创新技能是习得的。

创新是一项团队工作，并不是某个罕见的天才或百里挑一的人士的领地，任何人都可以，也应该学习如何去创新。任何人都可以拥有创造力，首先要坚信这一点，或者说每个人的基因里都蕴藏着创新的潜能，需要后天的训练和开发。本书将创新能力分为四个部分，分别是观察分析、创意激发、跨界整合、组织执行，也被称为创新的四大手法。学会了创新的四大手法，你也能成为创新者！

资料来源: http://www.cyzone.cn/a/20110902/215674.html

作为与哈尔格雷格森以及克来顿·M.克里斯滕森并列《创新者基因：掌握破坏性创新的五项技能》一书的作者，杰夫·戴尔指出：我们可以从榜样那里获得经验，并且通过问的方式来提高创新能力。他声称："只要理解了可以带来新知识的行为模式，就可以为生活或者工作中出现的问题带来新的解决方法。"那么，究竟是什么行为激发了创新呢？

2.3.1. 提出正确的问题

我们都知道，提出问题是创造性思维的催化剂。但是有些人更喜欢维持现状，因此，他们往往会提出"如果……将会怎样"之类的问题。而对于技术创新来说，则需要更刺激性的问题，以找出限制因素所在。如果寻找的是保持业务增长类的创新理念，提出的问题就应该是："如果法律禁止我们将产品销售给现有客户的话，应该怎么办？公司明年如何才能盈利？"或者，也可以采取史蒂夫·乔布斯的做法，提出"如果不限制资金的话，我们可以创造出什么样的产品。"

2.3.2 找出其他人忽略的地方

有些人工作总是比其他人出色。这种现象似乎让企业家在客户与竞争对手处获得的创意有所不同。举例来说，财捷公司的司各特·库克就总是对各种各样稀奇古怪的行为极为关注。异常才是问题的关键，只有找出其中的原因所在，才会发现其他人不了解的情况，获得触发新业务的想法。最好的观察者是在多个国家居住过三个月或者更长时间的人，他们更倾向于进行观察，原因就是环境发生了变化。

2.3.3 选择正确的网络

通常情况下，人们建立网络的目的是获得资源，以及与同行进行交流。但对于创新者来说，更喜欢选择与不同类型的人进行互动。易趣的创始人皮埃尔·奥米迪亚就经常说，在访问新公司的时间，自己从收发室员工那里获得的信息比首席执行官还多。如果交流的人位于不同的社会网络中，就可以比同行和同事更容易获得以前没有听说过的角度。在这里，问题的关键就是保证交流对象来自于其他国家，处于不同年龄段，隶属不同政治派别和种族群体。

2.3.4. 对想法进行消化

在进入市场之前，需要先对想法进行验证，并且不要畏惧失败。有两种方法可以用来进行试验：①将想法分解，再重新组合到一起。这就是迈克尔·戴尔针对现成计算机所做的，在这一过程中，他获得了建立直销模式的想法。②学习新技能。在辍学离开里德学院后，史蒂夫·乔布斯决定参加书法培训，选择这么做的原因仅仅是对艺术很感兴趣。10年后，书法的感染让他设计出世界上第一台可以进行优美排版设计的电脑。

2.3.5. 联想思考

在以上四方面上花费的时间越多，就越有可能获得破坏性创新的第五项技能——联想思考。这就是让大脑将看似无关的问题或者想法联系起来的能力。创新突破往往发生在不同学科和领域的交叉之处，我们发现《商业周刊》创新一百强企业的创始人和首席执行官花费在这方面的时间比标准的首席执行官多20%以上。并且，创新性的领导者会将这种精神带到公司内部，让所有员工都可以发挥自身创造力，变成一名创新者。

3

创新技法之观察分析

3.1 同理心地图

3.2 情境故事法

创新源自观察，创新者往往有一双慧眼，他们像神探夏洛克一样迅速发现被人忽视的细节，从而挖掘出潜在的创新机会。

他们观察客户，找寻他们未说出来的潜在需求。

他们观察程序，发现出人意料的或异常的事件。

他们观察环境，洞悉人、产品／服务和环境的互动关联。

消费者洞察面临的问题有：如何能深度了解消费者？要关注哪些消费者？要忽略哪些消费者？为解决上述问题与挑战，设计思考学派提出以消费者为中心的消费者洞察技术，它主张：企划人应走入消费者的真实世界，深入观察消费者的真实经验，从中获得消费者未满足需求的重要线索，进行观察时，不只要看消费者做什么，听消费者说什么，更重要是注意消费者不做什么，以及倾听消费者没说的事情，尤其要特别关注所谓"极端使用者"，这些人通常明显地表现出与众不同的想法、生活方式、产品使用习惯，极端用户往往会将一般人潜藏的未满足需求表现于外，故显得特别与众不同，从观察中能萃取出对消费者未满足需求的重要洞察，利用这些洞察可激发未来新事业或新产品的灵感。

在日本有一家杀蟑螂喷雾剂的厂商，发现一位"极端用户"，一般人平均约半年至一年才会续购

杀虫剂，她则是两个星期即用完一瓶杀蟑螂喷雾剂，厂商即针对该名极端用户进行消费者洞察的调查活动，后来发现该名妇人是因为当她遇见蟑螂出没，立即用喷雾剂喷洒，直到蟑螂完全不动为止，因为她无法忍受蟑螂继续在她面前活动。事实上，这位极端的妇人不过是把所有相同遭遇消费者未被满足的需求，用极端的行为表现出来。后来厂商因为这个重要洞察，就研发出蟑螂的麻醉剂加入喷雾剂当中，只要蟑螂一接触到喷雾，立刻倒地不动，就像立即死亡一般，新产品推出后，广受消费者欢迎。

那么，如何提高观察与洞悉能力呢？这里介绍两种方法：同理心地图和情境故事法。

3.1 同理心地图

引导案例　如何运用同理心把核磁共振仪设计成海盗船

道格·迪亚兹（Doug Dietz）是中西部人，待人真诚，言语温和，有点忧郁的笑容，很讨人喜欢，动情时眼中能立刻涌出泪水。作为在通用电气工作了24年的资深人士，道格领导了通用医疗集团（GE Healthcare）高科技医疗成像系统的设计与开发。通用医疗是世界规模最大的企业之一通用电气的子公司，年销售额达180亿美元；其价值数百万美元的核磁共振成像（MRI）系统能对人体内部做无痛探测，这项技术在20多年前还被视为魔术。几年前，道格成功完成了一个历时两年半的项目，研发出一种核磁共振成像仪。当得知有机会去看看安装在一家医院扫描室里的这件作品时，他迫不及待地去了。道格站在仪器旁与操作技师聊天，告诉她核磁共振成像扫描仪已被提交参评"设计界的奥斯卡"——国际杰出设计大奖（IDEA），并问她对这台仪器的新特色感觉如何。"这是典型的蹩脚采访技巧。"道格不好意思地说。

道格对自己的出色工作颇为自得，当他正准备离开时，技师让他先去走廊等一会儿，因为有位患者要做扫描检查。他走了出去，看见一个虚弱的女孩儿朝他走来，紧紧拉着父母的手。父母面露忧色，孩子显然吓坏了，三人都怀着希望走向前方那台设备——道格的核磁共振成像仪。女孩开始抽泣，告诉我们这个故事的时候道格自己也哽咽着。一家人经过时，道格听到了他们压低嗓音的谈话。"不是已经说好了吗，勇敢点儿。"爸爸鼓励着孩子，声音却透着一丝紧张。

道格看见小女孩儿的眼泪顺着脸颊滚滚而下，他惶恐地听到技师拿起电话叫麻醉师过来。此时道格才知道，医院为儿科患者扫描时通常会使用镇静剂，因为患儿太害怕了，无法长时间静躺。多达80%的儿科患者需要使用镇静剂。如果麻醉师不能来，扫描就只好推迟，患者家庭还要再经历一番焦虑的煎熬。

道格目睹了他的仪器给最脆弱的患者群体带来的忧虑与恐惧，这一经历在他内心引发的个人危机感永久地改变了他的视角——他注重的不再是外观优美、线条流畅的科技产品，不再是荣誉和赞赏。现在，透过小女孩儿的那双眼睛，他看到的核磁共振成像仪更像是患者必须进入的一个吓人的庞然大物。他对自己作品的自豪感被挫败感取代了：对仪器感到失望的，

恰恰是他想帮助的患者。道格本可以辞职，或者干脆对此听之任之，转而去做其他事情，但他没有。回到家中他告诉妻子，自己必须做出改变。

于是，为应对个人与职业所面临的严峻挑战，道格向朋友和同事征求意见。他在通用电气的老板任职宝洁公司期间曾与斯坦福大学的设计学院接触过，他建议道格试试那里的高级管理培训课程。为了给自己的工作寻找全新的视角和不同的方法，道格飞往加利福尼亚参加了为期一周的研讨班。他全然不知会得到什么，但渴望有所收获，能帮他找到让核磁共振成像仪不再令患儿那么害怕的办法。

研讨班赋予道格点燃创意自信的新工具，他学会了以人为本的设计与创新方法。他观察现有产品和服务的用户，并与用户聊天，以便更好地理解消费者的需求。道格与来自其他企业和行业的管理人员合作，博采众长，设计满足用户需求的产品并制作出粗略的原型，随后在课堂上对自己的设计概念进行测试和迭代式开发，不断从别人的反馈中汲取灵感。一周课程结束时，这种异花授粉式的相互启发，使他感觉自己比离开家时更有创意、更有信心了。体验了以人为本的设计流程，与不同行业、不同职务（从管理到人力资源再到财务）的人合作，道格

深有感触："我开始设想，如果把这个工具带回去，组建一支跨功能的团队一起工作，这个工具的效力将会非常强大。"

道格到一家日托中心观察和了解儿童，与儿童生活专家交谈，了解儿科患者所承受的痛苦。他向周围的人寻求帮助，包括由通用电气的志愿者组成的一个小团队、来自当地儿童博物馆的专家以及来自两家医院的医务人员。

接着，他制作了后来称为"历险系列"（Adventure Series）核磁共振成像扫描仪的首个原型，并有机会将其作为试点项目安装在匹兹堡大学医疗中心（University of Pittsburgh Medical Center）。

通过全面思考儿童如何体验科技、如何与科技交互，道格把核磁共振成像扫描室改造成一个儿童历险主题公园，由患儿充当主人公。他没有改变扫描仪复杂的内部技术，而是与临时团队一起为仪器的外部和房间的所有表面都转印上彩色图案，包括地板、墙壁和所有设备，并为操作设备的技师创作了剧本，这样他们就可以引导患儿完成"历险"了。

有一个主题的原型是一艘海盗船，给人以游乐场的感觉。船体外的圆形舱门环绕着一个大大的木质船长舵盘，这种带有航海风格的细节也让小小的舱室不太容易引起幽闭恐怖症。技师告诉患儿，他们要开到海盗船里面去，在船上必须一动不动地躺着。等"航行"结束，他们可以从房间另一头的海盗藏宝箱里拿走一件小宝物。在另一主题中，核磁共振成像扫描仪是一艘圆筒状的宇宙飞船，送患儿去"太空探险"。就在仪器旋转、晃动的声音即将升高之际，技师告诉患儿注意听飞船"转入超光速推进状态"时的响声，就这样，通常令人恐惧的隆隆轰鸣声成为了探险的一部分。包括海盗和宇宙飞船在内，道格和他的团队目前已推出了9种不同的"探险"体验。

医院使用了道格为儿童重新设计的核磁共振成像扫描仪之后，需要服用镇静剂的患儿数量大大减少。医院和通用电气也为此感到很高兴，因为麻醉需求的减少，意味着每天可以有更多的患者接受扫描。同时，患者满意度提升了90%。

然而对道格来说，最大的满足感既不在于满意度的提升，也不在于通用医疗集团净收益额的提高（虽然这些对于获得内部支持非常重要）。他认为自己得到的最大奖赏是，一位6岁女孩儿的母亲告诉他，刚在核磁共振成像"海盗船"里做完扫描的女儿走过来拉着她的裙子问道："妈妈，我们明天还来好吗？"这个简单的请求让道格觉得自己所有的努力都是值得的。

顿悟之后不到一年，更具创意自信的道格一跃成为通用集团的创意总监。我们是否可以说道格的创意为世界带来了一点儿改变？问问那些患儿或者他们的家长吧！他们的心中已有答案。

小组讨论　**1**

你认为同理心是什么？

小组讨论　**2**

道格的故事对你有什么启发？

知识点 1 什么是同理心地图

设计思考的任务是对极端消费者进行深入观察，进而将观察结果转化为开发新产品与新服务的有用洞察，萃取洞察的关键则在观察者能否遵循同理心（Empathy）原则来进行观察与解读，所谓同理心即是努力通过被观察者的眼睛来看世界，通过被观察者的经验来了解世界，以被观察者的情感来感受世界。所以，设计思考学派的信徒就发展出一种"同理心地图"（the Empathy Map）的应用工具。

同理心地图是由一家视觉思考公司 XPLANE 所开发的工具，它可以帮助企划人从跨越消费者的人口统计特征的调查数据中，发展出对被观察者的环境、行为、关切事项与内心渴望的深度了解。其正确使用方式说明如下：从目标客群当中，挑选出一名特别突出的代表性人物作为主角，描述主角的姓名及其他人口统计特征（包括收入、婚姻状态、年龄、职业），询问并回答以下六个问题：

（1）他看到什么（叙述消费者在他的环境中所看到的事物）？

（2）他听到什么（叙述环境如何影响消费者）？

（3）他说什么以及做什么（想象消费者在公众面前可能会说什么以及可能会做什么）？

（4）消费者内心真实的想法与感受（试着勾勒出消费者的内心状态）？

（5）消费者的痛苦（描述消费者最大的挫折、阻碍、恐惧）？

（6）消费者的渴望（描述消费者真正的愿望与需要、成功的标准、达成目标的策略）？

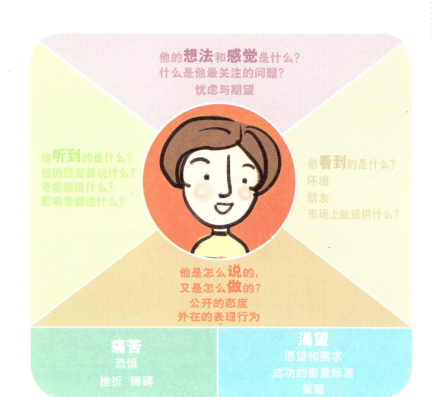

知识链接

知识点 2　同理心地图的三个好处

1. 简单换位

　　同理心地图的规则相当简单，只要搭配简单的工具，如笔、便利贴、海报纸就可以完成。所有同理的想法可以归纳整合，它帮助我们透过目标族群的经验来了解世界，并通过他们的情感来感受。

2. 全面思考

　　过去我们常在脑中思考目标族群的特质，但这样做的缺点是想法稍纵即逝无法保留，此外，思考的角度也会受局限。同理心地图以可视化的方式呈现六大问题，让我们同时可以站在不同的角度进行思考，也更全面地掌握目标族群的特质。

3. 深入洞察

　　同理心地图可以让我们对目标族群的信息进行归纳与关联。"相关性"与"矛盾点"都是经由洞察后所发掘出来的深层价值。简报是否能打动人心，在于讲者对于听众内心状态的掌握程度，清楚掌握听众的痛苦与期待，那么目标主题的方向就不至于偏离。

知识点 3　同理心地图的使用流程

1 换位

首先，选定目标听众族群，并描述其特征，如年龄与背景等。接着想象目标听众处在一个"情境"，这个情境与讲者预计要发表的主题有关，例如：讲题是有关投资，那么就在情境中营造投资相关元素。这一步骤主要是帮助讲者以目标族群的角度来思考。

2 视觉

先在报纸上画下同理心地图的六个区块。接下来的重点是要同理目标听众，发想他们在情境中可能会"想、看、听、说、做"等行为。每次发想一个点子就把它写在一张便利贴上，写完后贴在同理心地图的区块上。

3 分类

确认完成上一个步骤，接下来请花一些时间观察同理心地图上所有的想法，留意在同一区块是否有些想法同构型很高，移动它们的位置做简单群组。在分群的过程中可以留意，哪些想法出现频率较高，它们有可能就是目标听众最关心的议题。

4 关联

简单分群后，再观察所有群组间的"相关性"与"矛盾点"，过程中如果有新的想法，可以写在便利贴上并归纳到区块上。相关性的背后存在值得深入洞察的价值；矛盾点的背后隐藏需要被解决的问题。最后目标是发掘目标听众的痛苦与期待。

知识链接

知识点4 同理心地图的应用案例

在以下案例中，我们模拟一位办公室职员（讲者），预计要对公司同事（听众）发表一份简报，主题是"改善会议效率的四个方法"。在简报之前，讲者想要利用同理心地图来发掘听众的痛苦与期待。

✓ 步骤一：讲者可以设定一个工作中常遇到的情境，例如：办公室正在进行一场会议，里面有会议主持人与七位员工……情境设定主要是协助讲者将自己转换成情境中的角色，以利换位思考。

✓ 步骤二：将同理心地图放大打印成海报，或者直接在白板上画出同理心地图的六个区块。

她的想法和感觉是什么？

她听到的是什么？

她看到的是什么？

她是怎么说的？又是怎么做的？

痛苦　　　　　**渴望**

接着先回答以下四项问题，针对每项问题在便利贴上写下个人意见（建议一张便利贴只写一个想法），写好后将它贴在各问题区块上，越多想法越好。

1 看到什么？ ——叙述情境中目标听众所看到的人、事物与环境。例如：繁杂而无重点的议程表；会议主持人手上拿的厚厚的数据文件；简报幻灯片复杂而冗长。

2 听到什么？ ——叙述情境中哪些声音会影响目标听众，有可能是人的言语或环境声音。例如：会议主持人讲话缺乏重点；与会者讨论时常常离题；过多的批评与抱怨，但却缺乏建设性建议。

3 说什么以及做什么？ ——想象目标听众在公众面前可能会说什么以及可能会做什么。例如：时常看手表；议题如果跟自己无关时就分心做其他的事；通常不喜欢发表意见。

4 内心的想法与观点？ ——试着勾勒出目标听众的内心状态、立场或观点。例如：参加会议是出于无奈；有人离题时，希望有人能够制止；希望会议时间越短越好。

假如发想的过程是多人同时进行的，则针对其他人的想法可随时提出疑问。若是对现有想法有延伸的点子，也可以随时记下并补贴在问题区块上。

前面四项问题主要是目标听众五感体验的描述，接着通过步骤三与步骤四，可以协助您发掘出第五个与第六个问题（痛苦与期待），而这两项问题也是同理心地图最有价值的部分。

✓ **步骤三：** 当完成前面四项问题的发想后，接着通过移动便利贴位置将想法进行分类。同构型高的想法可以做简单归类，不需要太严谨，这只是初步做整理，例如，"时常看手表"和"希望会议时间越短越好"可以被归类在同一群组。另外，在分群的过程中可以仔细留意，哪些想法出现的频率较高，它们有可能就是目标听众最关心的议题。也可以再针对个别群组做讨论，例如：被归类在同一群组的想法是依据哪个特点或抽象概念？这个特点或概念是否还有延伸的想法？

✓ **步骤四：** 针对每个群组进行"相关性"与"矛盾点"的讨论，最后整理出第五个与第六个问题（目标族群的痛苦与期待）。例如以下两个想法之间的关系：看到"繁杂而无重点的议程表"与听到"会议主持人讲话缺乏重点"是有关联的，它代表听众的"痛苦"可能是"缺乏明确议题与流程"，并"期待"被解决。这个步骤的重点是找出第五个与第六个问题。

5 有什么痛苦？ ——根据步骤四所推论的"相关性"与"矛盾点"，试着描述目标听众的恐惧、挫折与阻碍。例如：工作常被冗长无效的会议给耽误；会议缺乏明确议题与流程；与会者的讨论内容离题；会议后没有决议也无法追踪。

6 想获得什么？ ——同上，试着描述目标听众真正的需要、成功的标准与达成目标的策略。例如：明快的会议流程；评估会议效率的工具；公正且有决断力的会议主持人；清楚决议结果与后续追踪。

通过同理心地图的发想、整理与归纳，相信在简报的主题、大纲与内容设计上，将更精确地瞄准听众的需求。当听众感受到讲者同理自己的痛苦与期待，并能带给他们改变，帮助他们更好、更有效率或是刺激不同的思考时，相信简报的影响力将大大提升！

回到引导案例中，试着用同理心地图的方法来观察在医院做 CT 检查的儿童，尽可能地将下表填写完整。

3.2 情境故事法

引导案例 **无印良品成功秘诀：冷酷的用户洞察**

2010～2012年，无印良品（MUJI）全球净销售额从1697亿日元增至史无前例的1877亿日元，运营利润从139亿日元增至184亿日元，运营利润占比亦从2010年的8.2%升至2012年的9.8%。2013年Q1数据显示，其运营利润占比已达10.4%。

关于业绩爆棚的管理秘密全在良品计画株式会社社长金井政明的手机邮箱内。其中最受其珍视的邮件来自"生活良品研究所"——每个顾客的反馈意见均会直达其邮箱。"这些都是顾客所不知道的，他们不知道这些意见居然社长都会亲自看。每分每秒，我都会看这些意见。" 金井政明狡黠地说。此类邮件到达的高峰是在周三，总数超过100件，平常亦有30～50件。有人指责某款晾衣架会因紫外线的照射而变脆断裂，有人抱怨最新款的拖鞋"头太小"……

作为良品计画株式会社第四任社长，金井政明曾多次见证MUJI的沉浮。1993年，已在西友工作17年的金井政明开始负责MUJI的商品开发，其中最为重要的工作方法是消费者调研。2003年，MUJI实施名为"观察"的开发计划，开发团队会直接拜访消费者，观察其日常生活，并对房间内每一个角落，乃至每件物品一一拍照，照片随后被提交讨论分析，以此挖掘潜在消费需求。此举颇为成功。例如，开发人员在受访者家中发现圆形换装瓶很难与浴室的墙壁、浴缸贴合，最终推出方形浴室换装瓶，结果大受欢迎。

追求商品本质和便利性使得MUJI的产品开发过程颇为另类。以日本零售龙头企业大荣（DAIEI）为例，其自有品牌"SAVING"在开发时仅与制造商合作，而MUJI则不同，每件商品从企划、设计、制造到售卖均需层层把关，均有设计师参与。即使产品设计方案获得最终通过，产品还将面临更为严苛的关卡。由日本顶尖设计师组成的外部咨询委员会严格讨论商品是否符合"MUJI的理念"。硬性指标包括商品不能追逐流行趋势以免跟风后过时，商品必须能够提升品牌形象等。只有经过外部咨询委员的集体认可，产品才能最终上架。"最常见的淘汰原因是做设计的人不会考虑到产品能否被销售。"金井政明解释说。

金井政明异常强调节制及反流行。"过分消费会导致很多淳朴的东西慢慢消失。作为流行的对立面，MUJI追求的是长久耐用、具有高度普遍性的设计及材质以及恰当的价格，而不会增加有很强嗜好性的设计和颜色。"金井政明说。

MUJI（上海）商业有限公司营业改革担当成川卓也曾有过提案文具和厨房用品时被驳回的窘境。"当时我被问及这个东西跟其他牌子有什么区别，商品购买后对顾客有何好处等，金井社长就喜欢问诸如此类等问题。"成川卓也说。

为了驱动MUJI实现"使用便利性"，金井政明成立了两个核心的管理部门并亲自管理。一个是面向消费者集思广益的生活良品研究所，使用者可在商品开发、试卖、正式售卖等阶段提供意见，金井则开通个人邮箱用于采纳建议敦促进度。另一个是设计师主动寻找需求的商品种类开发部，其门下设生活、服装、食品部等三大分支，对产品进行定期检查更新设计。

如此设计流程往往颇费周折。"松井忠三（前任社长）曾经说募集商品设计时，其实是恰如其分地摆荡在两条线之间的。这有点像调收音机音量的时候，可能不知道什么样的音量适合自己，所以你就会去调，回来一点，又过去，再回来一点，就是这样一个过程。" MUJI中国区总经理王文欣解释说。

例如，MUJI一款用于放在冰箱里制作凉水的冷水桶即曾经历四次改造。设计师发现日本冰箱普遍偏小，较大的冷水桶无法直立放置，遂将侧面设计成平面以便在冰箱里不滚动，桶口亦被平封，防止平放时有水溢出。一些女性消费者反映装满水后水桶太重，平放取出吃力，设计师又在水桶侧边加上了弧形凹槽增加受力点。该冷水桶亦可作为泡茶的茶壶，此后消费者亦两次提议对桶内滤网进行改进，设计师最终照单全收。

小组讨论 1

无印良品的案例让你对用户洞察有什么感悟?

小组讨论 2

你认为还有哪些方法可以洞察用户的需求?

知识点 1 什么是情境故事法

传统系统化的设计模式，多以设计者的角度出发，探讨物与物之间的关系，进行功能性的设计，然而，设计师毕竟不是使用者，无法了解使用者的人物个性和在使用产品时的心理动机和心情状态，于是设计师的最初设想和使用者的使用结果往往会存在一些偏差。因此，只有从产品使用者的角度出发，考虑产品使用者的行为和心理特征才能减小这种偏差。

情境故事法就是根据这样的要求应运而生的，所谓的"情境故事法"，就是设计师通过观察和体验，去讲述一个故事，营造一种情境，从而设计贴心产品；设计师通过了解使用者的特性，站在设计者的角度，通过一个想象的故事，包括使用背景、环境状况、物品面貌功能，去模拟未来产品的使用情境，通过"快照"来提取各个不同时间、不同场景的分镜头来分析"人—境—物—活动"之间的互动关系，来引导设计开发人员从使用者的角度使用情境，

通过人、境和活动的信息来发掘"物"也就是产品的故事构想，评断构想是否符合设计主题，从而进行产品修正和产品创新。简单地说，情境故事法就是一个以想象故事及使用情境观察，在产品开发过程中进行情境模拟的方法，其基本原理为"以使用者为核心"。

"人"指的是产品使用者的特质，如人物特质、性格、购买力、操控力、体力、人格等；"境"是指影响人的环境因素，如居住空间、时间分配、社会习性、流行风尚、经济结构、工作等；"物"是指与人发生关系的物品属性，如功能、价格、造型、轻重等；"活动"是指在生活背景人脉中，人与物品所发生的互动关系。情境故事法就是把"人"、"境"、"活动"视为已知条件，把"物"当作未知目标，通过对已知情境的分析去进行"物"也就是产品的创新设计开发过程，见图3-1。

图 3-1 情境故事法实现原理

知识点 2 情境故事法的使用流程

产品开发的首要任务是确定一个有价值的开发方向。情境故事法总的指导方向就是一旦这个方向得以确认后，把它进行初步的展开以生成最初的产品故事情节。也就是创造一个典型用户在目标活动中的场景或故事，并说明由于缺少产品的某项功能而使这个用户的活动变得困难或不能令人满意。最初的情节分析不需要很长，只需要说明谁是产品的目标用户，他们有什么需求，为什么有这种需求。现在的这种情况下他们是怎么做这件事情的，又遇到了哪些不方便和困难，新的产品如何改变了用户的使用情况或生活方式，目的是开发潜在的产品功能和需求点，以更好地满足用户的需要。

具体的设计流程可以概括为：

第 1 步：先了解使用者的个性特征，需要什么，想做什么，也就是常指的"用户故事"。

第 2 步：拟定情境背景中角色、时间、地点、事件，可以用快照的方式来展现在不同的时间、地点下，使用者与产品发生关联的分镜头。也就是进行最初的情境影象的收集评估以作为适当样本的过程。

第 3 步：透过不同的场景分镜头来发现使用者在使用产品时遇到的不便，想办法解决问题，从而达到改善和创新产品的目的。

第 4 步：提出新的设计方案，让构想在新的故事中得到验证，然后进行评估。具体的细化步骤见图 3-2。

01 分析人物特征

02 撰写分镜故事

03 整合分镜故事

04 标出关键议题

08 产品评估推广

07 构想在新的使用故事中验证

06 产出重点解决构想

05 整理议题归纳重点

图 3-2 具体的细化步骤

知识点 3　情境故事法的应用案例

这里列举一个应用情境故事法开发商务笔记本电脑的案例。

1. 典型用户分析

　　先想好一个真实的主角，设想一个具体的人物进行特性分析：张小凯，男，27岁，区域销售代表，收入在 5000 ~ 6000 元，平时工作时间不固定，压力较大，经常出差，工作比较繁忙，讲究实效，他使用商务笔记本的原因是可以随时随地了解最新的市场行情和产品销售状况，接收公司材料，方便在外出差时和公司人员交流。

2. 模拟用户最初使用产品的情境

　　产品使用情境可以这样设计：
张小凯在办公室使用笔记本电脑。
张小凯在外出途中使用笔记本电脑。
张小凯在家中使用笔记本电脑。

　　然后针对选好的主要场景撰写故事，通过叙事来发展对策。利用快照的方式捕捉用户使用产品的分镜头，然后找出关键议题（议题指一些待解决、有趣或者有挑战性的事项），发现用户新的需求点，从而开发新产品，见表 3-1。

表 3-1　问题情境示例

镜头	情境描述	需求
1	张小凯临时接到一个出差通知，刚赶到火车站，他左手拿着行李箱，右手背着笔记本电脑包，进候车室查票时笔记本电脑包因为太重从右肩滑落到手臂上，差点掉在地上	简单小巧的外型，便于携带，笔记本电脑包可以设计成双肩包形式
2	进入候车室，火车却晚点 1 小时，但他想起今天有份重要的销售报告必须准时交到公司，于是他打开笔记本查找资料想通过网上传过去，发现资料已被删除，只有手上的打印稿，张小凯不禁有些急了	工作时电脑自带备份系统在备份卡上备份
3	看看时间，他决定把报告上的内容在电脑上重新打一遍 E-mail 过去，1 小时后终于打完发过去了，这时进站的时间到了，他匆匆收拾好笔记本和行李赶紧进站了	电脑上装有扫描设备，可以随时随地扫描文本保存在电脑里

3. 改良产品后的用户使用情境

　　想想当时情境下，人、物、活动可能发生的问题，并加进去此时心中冒出来的议题灵感，把新的解决方案加入原来的分镜中，得到更加完善的情境故事，见表 3-2。

表 3-2　方案情境示例

镜头	情境描述
1	张小凯临时接到出差通知，刚赶到火车站，他左手拿着行李箱，背上背着小巧的双肩笔记本电脑包，他轻松地用右手拿出口袋里的火车票经过查票口进入候车室
2	进入候车室，火车却晚点 1 小时，但他想起今天有份重要的销售报告必须准时交到公司，于是他打开笔记本查找资料想通过网上传过去，发现资料已被删除，这时他打开电脑里的备份程序，插入备份卡，轻松地找到了那份资料
3	为了万无一失，他又按下笔记本电脑上的扫描按钮，把资料原件放进电脑的扫描盘上，扫描了一份然后用 E-mail 发给公司，接着他打开电脑上的音乐开始闭上眼睛倾听，过了一段时间，火车到了，他从容地收拾好行李检票进站

笨重 —— 轻巧

打字员 —— 一键扫描

张小凯

误删 —— 备份

慌忙 —— 轻松

如果把设计比喻成拍电影，那么两个要点是：立体饱满地塑造好人物、生动巧妙地讲清楚故事。然后通过故事挖掘出过程中的每一个需求点，设计出一个产品满足这些需求，同时也就是一个不断开发改进产品和不断地使产品更人性化的过程。

围绕角色讲故事的真正目的是为了通过"真实的故事法"来解析"合理的流程"。无论是一个积极高兴的故事，还是一个悲伤而消极的故事都能够让我们达到这样的目的。而情境故事真正的目的实际上就是要把悲伤而消极的故事变成积极高兴的故事，而且在分析过程中，往往能得到意想不到的创意。但情境故事法也有它的局限性，设计师在运用情境故事法对未来可能发生的事件做预测性描述时，有时可能会因为资料不全或个人主观意识太强等因素，而使情境故事法过度幻想、不够客观，因此，设计出来的产品不够大众化。所以设计师在操作情境故事法时应尽量采用朴实、客观和有代表性的情境作为创意的依据。

课堂演练

观察你身边的产品，选取一款你认为需要改进的，然后按照
情境故事法的设计流程设计一个问题情境和一个解决方案情境。

"亲密接触"消费者的洞察力

某即食通心粉厂家，通过消费者研究发现，消费者喜欢在烹制通心粉时，加入一点洋葱。为了更好地满足消费者的需求，这个厂家的研发人员在开发新产品时，加入了洋葱。此后厂家对消费者进行调查，发现消费者在烹制通心粉时，仍然加入洋葱。厂家对此迷惑不解。

其实，这一现象的背后隐藏着这样一个"真相"：家庭主妇在给家人烹制即食通心粉的时候，有一种没有尽到家庭主妇职责的内疚感，为了消除这种内疚感，她们加入一点自己准备的洋葱，表明这顿饭是自己精心准备的，自己不是一个偷懒的、不称职的家庭主妇。

发现"隐藏的真相"就是消费者洞察。比较直观地理解消费者洞察，就是透过现象看本质，通过人的行为看心理。通常情况下，消费者表现出来的行为总有其原因，这些原因，有些是消费者挂在嘴上愿意和你说的，大多是一些表面的原因，或者是一些人人皆知的原因。还有一些原因，是消费者不会和你说的，要么是他不愿意说，要么是连他自己也没有意识是这些原因在驱动其行为。发现这些消费者说不出来却又驱动他行为的因素，就是消费者洞察。

日前举办的一个品牌研修峰会有一个关于消费者洞察的专题，探讨如何挖掘消费者洞察。在讨论如何掌握消费者洞察技巧之前，我想重点讨论这样一个问题：应该由谁掌握消费者洞察？

我提出这个问题，是因为我在"Google"（搜索）消费者洞察时发现了这样一个现象：当你"Google"中文"消费者洞察"时，你能找到的大部分观点、案例、讨论基本上来自广告公司，其中包括国际4A广告公司的大拿（如奥美），见解很深刻。当你"Google"英文"consumer insight"的时候，你能找到的各种素材、案例、出版物基本上来自市场研究机构，其中包括市场研究机构中的各位大拿（如A. C. Nielsen），观点很新颖。

广告公司关注"消费者洞察",实乃天经地义。因为绝大部分好的广告创意背后都有一个好的消费者洞察作为支撑,所以广告公司把获得消费者洞察视为自己竞争力的根本,缺少了这个根本,广告公司的作品就成了平庸的、随大溜的作品,在比稿(Competitive Presentation,指广告主计划让多家广告公司参与竞争,并从中选择最优秀、最满意的广告公司,是广告主选择广告代理公司最常用的一种工具)时是缺乏竞争力的。市场研究机构关注消费者洞察,也在情理之中。因为消费者洞察来自于消费者,研究消费者是市场研究机构干活吃饭的出发点;况且,市场研究机构的职责,除了为客户提供数据之外,更要为客户提供具有市场远见的判断机会,通过深度挖掘获得的消费者洞察,恰恰是这些判断机会中的一种。

我有些不解和担心的是:品牌经理、市场总监们是否关注"消费者洞察"?不妨仔细想一想:我们每年会花多少时间去了解"消费者洞察"呢?

毫无疑问,品牌经理、市场总监们比较忙,忙着分析数据,忙着做计划,忙着汇报,忙着应付各种紧急而重要、紧急而不重要的事……那我们留给自己多少时间去了解消费者洞察?以往的经验告诉我,一些品牌经理比较喜欢看研究报告,喜欢指挥很多人帮助自己"了解"消费者,自己却因为"很忙"而很少接近消费者。

如果你也置身于这种状态中,那么请你关注这样一个事实:绝大多数消费者洞察不是来自于量化的研究数据和书面的研究报告,而是来自于与消费者的直接、深度接触中。

怎么样才能称为"与消费者直接、深度接触"呢?有这样一个真实的例子:宝洁公司曾经在中国北方农村的一户农家租了一个房间,每天宝洁公司的工作人员与这户农民同吃、同住,陪着人家干农活。宝洁公司的工作人员包括品牌经理、研究经理、总监等,一个月轮换一次。

如果你习惯于坐在写字楼里,如果你习惯于生活在自己的小圈子里,如果你习惯于把市场研究报告作为获取消费者信息的唯一渠道,那么在春暖花开的季节,走出去吧!去和你的消费者亲密接触!

4 创新技法之创意激发

4.1 头脑风暴法

4.2 六顶思考帽

4.3 奥斯本 6M 法则

4.1 头脑风暴法

引导案例

　　盖莫里公司是法国一家拥有 300 人的中小型私人企业，这一企业生产的电器有许多厂家和它竞争。该企业的销售负责人参加了一个关于发挥员工创造力的会议后大受启发，开始在自己公司谋划成立一个创新小组。在冲破了来自公司内部的层层阻挠后，他把整个小组（约 10 人）安排到了位于乡村的小旅馆里。在以后的三天中，小组中每个人都采取了一些措施，以避免外部的电话或其他干扰。

　　第一天全部用来训练，通过各种训练，组内人员开始相互认识，他们相互之间的关系逐渐融洽，开始还有人感到惊讶，但他们很快都进入了角色。

　　第二天，他们开始创造力训练，涉及智力激励法以及其他方法。他们要解决的问题有两个，在解决了第一个问题——发明一种拥有其他产品没有的新功能电器后，他们开始解决第二个问题——为此新产品命名。

　　第三天一开始，主管便让大家根据记忆，默写出昨天大家提出的名字。在 300 多个名字中，大家记住 20 多个。然后主管又在这 20 多个名字中筛选出了三个大家认为比较可行的名字。再就这些名字征求顾客意见，最终确定了一个。

　　结果，新产品一上市，便因为其新颖的功能和朗朗上口、让人回味的名字，受到了顾客热烈的欢迎，迅速占领了大部分市场，在竞争中击败了对手。

小组讨论 **1**

该公司的销售经理采取了什么方法来激发员工的创意?

小组讨论 **2**

如果你是该公司的销售经理,你会用什么方法来解决案例中的问题?

头脑风暴法：定义、原理及开展方式

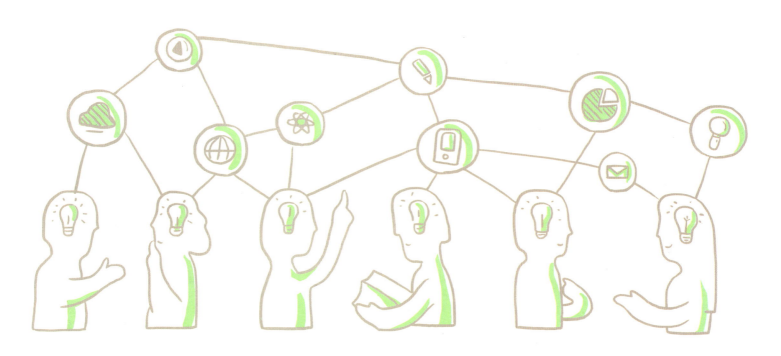

知识点 1 头脑风暴法的由来

20 世纪 30 年代的一天，20 岁的穷困潦倒的美国青年奥斯本怀揣一篇论文，来到一家广告公司应聘。公司老板一看，论文中用词不当的地方比比皆是，实在看不到熟练的写作技巧。老板把论文给各部门经理传阅，没有一个部门经理愿意聘用奥斯本。

但老板还是决定试用奥斯本 3 个月，因为他从论文中，看到了许多创造性火花。试用期内，奥斯本每天提出一项革新建议，其中不少在公司中发挥了重大作用。

1938 年，奥斯本已是纽约 BBDO 广告公司的副经理，这一年，他首次提出了一种激发创造性思维的方法——头脑风暴法（Brain-storming）。头脑风暴法奠定了创新学的基础，A. F. 奥斯本被人们尊称为创新学之父。

1941 年，奥斯本出版《思考的方法》，此书被誉为创新学的奠基之作。

1958 年，奥斯本出版《创造性想象》，发行了 1.2 亿册，曾一度超过《圣经》的销量。

想象力是人类能力的试金石，人类正是依靠想象力征服世界的。

——亚历克斯·奥斯本

知识点 2 头脑风暴法的定义和分类

知识链接

头脑风暴法又称脑力激荡法、智力激励法、BS法（Brain-storming）、自由思考法，是由美国创造学家亚历克斯·奥斯本于1939年首次提出、1953年正式发表的一种激发性思维的方法，目的是通过找到新的和异想天开的方法来解决问题。

头脑风暴法又可分为直接头脑风暴法（通常简称为头脑风暴法）和质疑头脑风暴法（也称反头脑风暴法）。前者是在专家群体决策时尽可能激发创造性、产生尽可能多的设想的方法，后者则是对前者提出的设想、方案逐一质疑，分析其现实可行性的方法。

知识点 3　头脑风暴法的原理

原理 1

只专心提出构想而不加以评价。

原理 2

不局限思考的空间，鼓励天马行空，想出越多主意越好。

头脑风暴法组织会议是针对某一主题，营造自由愉快、畅所欲言的气氛，让所有参加者自由提出想法或点子，并以此相互启发、相互激励、引起联想、产生共振和连锁反应，从而可以诱发更多的创意及灵感。

知识链接

知识点 4 头脑风暴法四大原则

1
异想天开

我们必须无拘无束地思考问题并畅所欲言，不必顾虑自己的想法或说法是否"离经叛道"或"荒唐可笑"；欢迎自由奔放、异想天开的意见，必须毫无拘束，广泛地想，观念越新奇越好。

为了刺激别人的头脑，即使偏离目的也有用
好的创意是自由的想法所产生的

顺利联想的 5 个要点

有没有类似的东西？
有没有可借用的？有无代用品？
改变一下看看？
借童话故事或小孩的经验获得启发？
移动身体，专心思考？

2
一次一人发言，暂缓评论

充分尊重发言人，不要打断。绝对不可以在会上对他人的设想评头论足，排除任何评论性的判断。至于对设想的评判，留在会后进行。

不要评估好与坏，不要挑毛病
暗示或启发越不按牌理出牌越好
评估要留在会后进行
如果受到批评，则想说的话就不会说了

8 项忌讳的语句

太新奇了   不符合目的
不实际   成本会增加
没意义（无聊）   不合道理
无法成功   想法陈旧

3

多多益善

　　鼓励与会者尽可能多地提出设想，以大量的设想来保证质量较高的设想的存在，设想多多益善，不必顾虑构思内容的好坏问题。

> 由量可以产生质，笨拙的枪手射多了也会击中目标
> 需要的是创意
> 追求量则没有批评的时间

以量求质的诀窍

> 接连不断地发言
> 指名发言方式也有效
> 一想到马上开口发言
> 一分钟就出一个创意
> 累了就休息

4

不要跑题，欢迎借题发挥

　　创意可以天马行空，但不要偏离主题。欢迎"盗用"别人的构思，借题发挥，根据别人的构思联想另一个构思，即利用一个灵感引发另外一个灵感，或者把别人的构思加以修改。

> 一个构想可以诱发其他创意
> 不必客气，利用别人的创意联想

借题发挥的要求

> 珍惜"如此说来……"
> 不必因为借用某人的创意而不好意思
> 领导的构思一样可以盗用
> 变化一下，得到一个更好的创意
> 把两个创意结合看看，互相配合看看

知识链接　　知识点 5　头脑风暴法的运作流程

确认
要讨论的主题

准备
会场

组织
人员

宣布
主题

Brain
Storming

整理构思
找到关键

会后
评价

准备阶段　　　　　　　**头脑风暴阶段**　　**评价选择阶段**

课堂演练

有一年，我国北方格外严寒，大雪纷飞，电线上积满冰雪，大跨度的电线常被积雪压断，严重影响通信。过去，许多人试图解决这一问题，但都未能如愿以偿。

假如你是电信公司的经理，你如何运用头脑风暴法来解决积雪问题？

传统方法一览

1 扫帚扫

2 铁锹铲

3 刀子刮

4 木头撞

4.2 六项思考帽

绿帽：创意、巧思

黄帽：积极、正面

蓝帽：冷静、归纳

白帽：客观、中立　　　黑帽：谨慎、负面　　　红帽：直觉、情感

在日本，麦当劳的黄金弓已经让快餐变成黄金了。麦当劳有 3500 个饭店在运营，并继续保持快速增长的纪录。麦当劳的成功部分应该归功于鲜为人知的职员培训。尽管一开始对职员的培训就非常活跃，但对日本麦当劳 800 名员工的内部系统的培训是在三年前才开始的。六顶思考帽已经成为培训的最成功要素之一。销售顾问 Hiroki Nishino 是 dBTS 的日本发行商，他在与全球同行交流中分享了对"六帽"激动人心的介绍和日本麦当劳总部在排名中令人吃惊的快速提高。

六顶思考帽是一种创新方法，不同的帽子代表看待事物的不同方面，如白色思考帽代表中立、客观，绿色思考帽则需要充分发挥创造力和想象力，黑色思考帽则是否定和怀疑，不断找出错误和纰漏。

在 1999 年初，麦当劳高级经理 Kikuyama 先生和职员训练部门经理 Fukushim 先生参加了由美国国际管理协会组织召开的六顶思考帽的公开演示课。课后他们为麦当劳内部运作寻找展开"六帽"课程的价值所在，而且他们相信他们已经找到了。麦当劳的日本分部发现了几个关键的集体中出现的问题，而这些问题，六顶思考帽都可以提供解决的办法

（1）环境的改变，需要职员具备跨行业工作的能力。

（2）提高生产力，麦当劳高效部门政策认为这是必须的。

（3）激烈的竞争，竞争不仅来源于其他的快餐行业，也来源于高质高价的自助食品商店。对于这些问题所带来的挑战需要改变人们的观念和工作类型。

1999 年 8 月，麦当劳人力资源部门对六帽课程进行试用。内部课程试用得到的评价是正面的。两个月后，Fukushima 先生和他的同事 Taoka 参加了六顶思考帽的认证课程。

2000 年 1 月，在麦当劳日本分支机构内部开始引进"六帽"，并将课程介绍给所有的董事会成员。职员发展计划分为两种课程：内部基础课和内部公共课。"六帽"被划分为内部公共课，规定是自愿参加，预计第一年选择参加这个课程的可能会有 120 人，但结果是爆满。

在"六帽"的第一个 10 月中，800 员工中有 700 人参加了这个课程，到了 2001 年 2 月，800 个员工都参加了六顶思考帽的培训。而且，讲授六顶思考帽不到一年的时间，已经有以下这些效果：

（1）会议的次数减少到 25%。

（2）因为减少了黑帽思维所占时间的比例，工作的文化氛围更加积极了。

（3）因为每一个员工都能参与到各种类型的思考当中，这种开放的交流加强了。

我们教授过的和使用六项思考帽的人都知道它们的价值，而且也知道它们有力量产生这些结果，但是让这个集体中刚接触到"六帽"的人也有这种认识是另外一回事。麦当劳的日本分支机构能这么容易地认识到这门课程的价值，并对这门课有出人意料的快速反响的关键是什么呢？

除了各个层次人员参与管理，向董事会成员提供了公开课程外，Taoka 先生将成功的关键因素概括为以下几点：

（1）实际可行的培训方法：课程中强调简便易行的方法，每个课程中都有许多应用活动，应用活动是为了适应每一个参与团队的需要而进行的。

（2）有以下措施，有助于在工作场所立即应用六项思考帽的方法：整个团队签约共同参与这个课程，在学习课程期间团队成员之间互相讨论真正的工作问题；在学习之后，重点是在工作场所立即应用这个方法；在工作场所同其他团队口头分享学习的成果。

（3）后续系统：每一个团队都配有一个讲师进行跟踪查询和监督。

（4）辅助工作：如"六帽"卡片、"六帽"海报、"六帽"标志，还可以创立一个企业内部的六帽网站为参与的团队提供信息。

（5）完成学习后三个月，对每一个参与培训的人进行问卷调查。

小组讨论 **1**

六顶思考帽在案例中起到了什么样的作用?

小组讨论 **2**

麦当劳用什么样的方法来巩固学习和执行的效果?这对我们有什么启示?

六顶思考帽：原理与方法

六顶思考帽

知识点 1 六顶思考帽的由来

——爱德华·德·博诺

爱德华·德·博诺博士 (Dr. Edward de Bono) 被誉为 20 世纪改变人类思考方式的领导者，是创造性思维领域和思维训练领域举世公认的权威，被尊为"创新思维之父"。

爱德华·德·博诺博士第一次把创造性思维的研究建立在科学的基础上，是思维训练领域的国际权威。欧洲创新协会将他列为人类历史上贡献最大的 250 人之一。他在世界企业界拥有广泛影响。

德·博诺的代表作《六顶思考帽》和《平行思考法》被译成 37 种语言，行销 54 个国家，在这些国家的企业界、教育界和政界得到了广泛的推广和肯定。长期以来，德·博诺思维作为政府、企业和个人生活的决策指南，一直被公认是最有效的创新思维训练工具，国际思维大会鉴于德·博诺对人类思维的杰出贡献而授予他"先驱者"的称号。

知识点 2 垂直思维与平行思维

垂直思维，又称逻辑思考法或收敛性思维。它是指用逻辑的、传统的思维方法来解决疑难问题的思维方法。传统思维是按照一定的思维路线或思维逻辑进行的、向上或向下的垂直式思考方法，这是一种头脑的自我扩大方法，以思维的逻辑性、严密性和深刻性见长，它一向被评价为最理想的思考法之一。

平行思维是指从不同角度认知同一个问题的思考模式。当人们使用平行思维时，便能够跳出原有的认知模式和心理框架，打破思维定势，通过转换思维角度和方向来重新构建新概念和新认知。平行思维涵盖了以下思考方法：水平思考法、侧向思考法、横向思考法、逆向思考法。运用平行思维，能够拓展人们的视野，促使人们进行创造性思考和建设性思考，使人们看到解决问题的更多的可能性。

知识点 3　六顶思考帽——各帽子颜色的含义

黄色：积极、正面　　　　　　　　蓝色：冷静、归纳　　　　　　　绿色：创意、巧思

黑色：谨慎、负面　　　　　　　　　　　　红色：直觉、情感

白色：客观、中立

　　六顶思考帽是一种思维训练模式，或者说是一个全面思考问题的模型。六顶思考帽提供了"平行思维"的工具，避免将时间浪费在互相争执上。六顶思考帽强调的是"能够成为什么"，而非"本身是什么"，是寻求一条向前发展的路，而不是争论谁对谁错。运用德·博诺的六顶思考帽，将会使混乱的思考变得更清晰，使团体中无意义的争论变成集思广益的创造，使每个人变得富有创造性。

六顶思考帽，是指使用六种不同颜色的帽子代表六种不同的思维模式。任何人都有能力使用以下六种基本思维模式：

白色是中立而客观的。戴上白色思考帽，人们关注的是思考的是关注客观的事实和数据。

绿色代表茵茵芳草，象征勃勃生机。绿色思考帽寓意创造力和想象力，它具有创造性思考、头脑风暴、求异思维等功能。

黄色代表价值与肯定。戴上黄色思考帽，人们从正面考虑问题，表达乐观的、满怀希望的、建设性的观点。

戴上黑色思考帽，人们可以运用否定、怀疑、质疑的看法，合乎逻辑地进行批判，尽情发表负面的意见，找出逻辑上的错误。

红色是情感的色彩。戴上红色思考帽，人们可以表现自己的情绪，人们还可以表达直觉、感受、预感等方面的看法。

蓝色思考帽负责控制和调节思维过程。它负责控制各种思考帽的使用顺序，它规划和管理整个思考过程，并负责做出结论。

知识点 4　六顶思考帽的使用方法

对六顶思考帽理解的最大误区就是仅仅把思维分成六个不同颜色，但其实对六顶思考帽的应用关键在于使用者用何种方式去排列帽子的顺序，也就是组织思考的流程。只有掌握了如何编织思考的流程，才能说是真正掌握了六顶思考帽的应用方法，不然往往会让人们感觉这个工具并不实用。

帽子顺序非常重要，我们可以想象一个人写文章的时候需要事先计划自己的结构提纲，以便自己不会写得混乱，一个程序员在编制大段程序之前也需要先设计整个程序的模块流程，思维同样是这个道理。六顶思考帽不仅仅定义了思维的不同类型，而且定义了思维的流程结构对思考结果的影响。一般人们认为六顶思考帽是一个团队协同思考的工具，然而事实上六顶思考帽对于个人应用同样拥有巨大的价值。

个人应用：假设一个人需要考虑某一个任务计划，那么他有两种状况是最不愿面对的，一个是头脑之中的空白，他不知道从何开始；另一个是他头脑的混乱，过多的想法交织在一起造成的淤塞。六顶思考帽可以帮助他设计一个思考提纲，按照一定的次序思考下去。就这个思考工具的实践而言，它会让大多数人感到头脑更加清晰，思维更加敏捷。

团队应用：最大的应用情境是会议，这里特别是指讨论性质的会议，因为这类会议是真正的思维和观点的碰撞、对接的平台，而我们在这类会议中难以达成一致，往往不是因为某些外在的技巧不足，而是从根本上对他人观点的不认同造成的。在这种情况下，六顶思考帽就成为特别有效的沟通框架。所有人要在蓝帽的指引下按照框架的体系组织思考和发言，不仅可以有效避免冲突，而且可以就一个话题讨论得更加充分和透彻。所以会议应用中的六顶思考帽不仅可以缩短会议时间，也可以增强讨论的深度。

除此以外，六顶思考帽也可以作为书面沟通的框架，例如用六顶思考帽的结构来管理电子邮件，利用六顶思考帽的框架结构来组织报告书、文件审核等。除了把六顶思考帽应用在工作和学习当中，在家庭生活当中使用六顶思考帽也经常会取得某些特别的效果。

课堂演练!!

　　今年的企业年会距离现在还有两个月时间，此次年会将有很多重量级嘉宾参加，包含集团公司的董事会董事、重要客户代表以及行业协会领导等。此次会议将有超过2000人参会，需要预定超大会场，还需要安排年会直播，以使外地分部的500名员工能同步参与。

　　试分成 5 ～ 6 个人的讨论小组，并用六顶思考帽来分析本次年会的筹备。

4.3 奥斯本 6M 法则

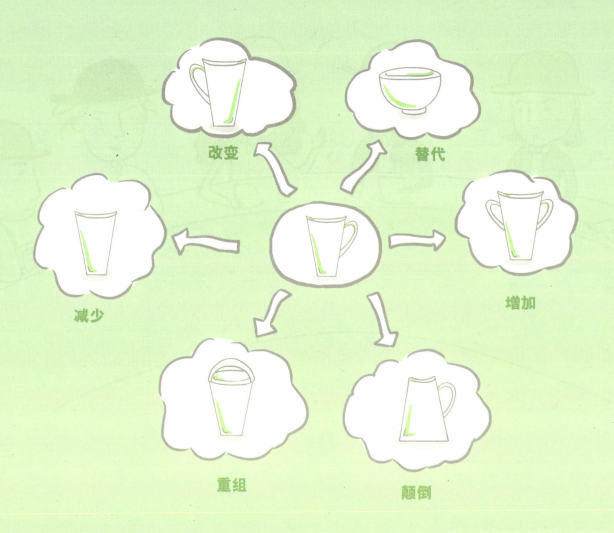

福特野马汽车是如何诞生的   引导案例

20 世纪 60 年代中期，当时在福特一个分公司任副总经理的艾科卡正在寻求方法改善公司业绩。他认定，达到该目的的灵丹妙药在于推出一款设计大胆、能引起大众广泛兴趣的新型小汽车。在确定了最终决定成败的人就是顾客之后，他便开始绘制战略蓝图。

艾科卡是如何做的呢？

与传统的方法不同，传统的方法是先由设计部门开始进行设计，艾科卡则从顾客着手，以客户的需求为目标反推从而设计出一种新车。

顾客买车的唯一途径是试车。要让潜在顾客试车，就必须把车放进汽车交易商的展室中。吸引交易商的办法是对新车进行大规模、富有吸引力的商业推广，使交易商本人对新车型热情高涨。说得实际点，他必须在营销活动开始前做好小汽车，送进交易商的展车室。为达到这一目的，他需要得到公司市场营销和生产部门百分之百的支持。同时，他也意识到生产汽车模型所需的厂商、人力、设备及原材料都得由公司的高级行政人员来决定。艾科卡一个不漏地确定了为达到目标必须征求同意的人员名单后，就将整个过程倒过来，从头向前推进。

几个月后，艾科卡的新型车——野马从流水线上生产出来了。

1966 年，上市不足两年的野马汽车销量突破了 100 万辆，并连续 17 年成为最畅销的运动型轿车，这一切都需要归功于艾科卡设计新车的创新思路。由于野马汽车的成功，艾科卡在福特公司也一跃成为整个小汽车和卡车集团的副总裁。

小组讨论 1

案例中艾科卡最主要的创新点在哪里？

小组讨论 2

你认为艾科卡最主要的创新手法是什么？

知识链接

知识点 1　奥斯本 6M 法则

"奥斯本 6M 法则"是奥斯本提出的创新法则，并被广泛运用于很多需要创新的场合。

6M 的基本思路是，通过发问 6 个 May（可以），来获取创造创新之捷径。其主要内容是：

可以改变吗　　　可以增加吗　　　可以减少吗

可以替代吗　　　可以颠倒吗　　　可以重组吗

知识点 2 创新手法之改变

知识链接

改变是奥斯本法则的首要法则。改变实际上是进行原创基础上的功能升级、颜色更换等改变，使原有的产品、流程等通过变化获得提升乃至于诞生新的概念。

在快速消费品行业，奥斯本改变法则得到了非常有效的运用。今天，我们见到的各类快速消费品种类繁多，五彩斑斓——茶类饮料有绿、红、黄、白等颜色，牙膏产品有彩条、蓝色、白色等品类，新产品在视觉上最大限度地满足了不同消费者的心理需要，如儿童更钟爱彩条型的牙膏。这些产品都是厂商积极求新求变的结果。

不仅是颜色，产品形状的改变在现代商业社会也已经形成了一个欣欣向荣的专业，这就是在西方国家被推崇备至的现代工业设计（Industry Design, ID）。在技术越来越趋同的今天，工业设计已经成为现代企业重要的核心竞争力。

三星是一个依靠改变而成功的典型企业。韩国三星电子几乎没有核心技术突破，但却依靠一个又一个设计新颖的新产品改变了全球电子业市场版图，实现了三星电子品牌跨越式、历史性的突破。三星的个性化手机、设计新颖独特的手提电脑、引领潮流的家电产品都为三星逐鹿全球市场创造了巨大的机会。相对于SONY，三星在技术原创性上难望其项背，但就是这样一个几年前还是韩国地摊品牌的电子企业却一跃成为 SONY 最强大的竞争对手，活跃的工业设计无疑是成就三星电子全球梦想极其重要的市场武器。

改变法则的运用并不仅仅局限于产品方面。戴尔公司依据市场形式和互联网技术的发展，根据订单进行生产并直销。依靠这种营销模式的创新，戴尔迅速在激烈的市场竞争中发展壮大，从一家名不见经传的小企业成为计算机制造行业的巨头。

改变的新产品创新意义首先是对产业与技术娴熟的把握能力；其次是对消费者心理的准确解读与消费潮流的敏锐感受。当中国市场开始日益融入国际新产品推广市场时，改变，应该成为中国企业新产品研发者的生活习惯。

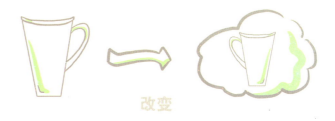
改变

知识点 3 创新手法之增加

　　增加是一种重要的创新手法，在企业的运营中起到了非常重要的作用。如在快速消费品领域，奥斯本增加创新手法有着广泛的应用。同样是去屑产品，海飞丝在去屑功能的基础上增加推出清凉去屑，风影则在去屑功能上提供不伤发配方，在原有产品基本功能基础上新特征的加入使快速消费品应用领域大大拓宽。

　　但我们要注意的是，在企业实际运用中，增加法则看上去容易，但要纯熟地运用并不简单，不恰当的增加有时甚至会产生画蛇添足的负面效果。

　　比如说，某家电企业一直希望有一个集彩电、电脑、DVD于一体的复合产品。于是该企业很快发明了这样功能的三合一新产品，但市场现实却给了这个企业血的教训。该复合产品在市场上始终找不到自己的市场位置，同时消费者也不愿意改变自己在原有产品上的使用习惯，以至于该产品不得不草草收场。新产品研发的增加法则不仅没有为新产品带来市场价值，反而还增加了机会成本，使企业在关键时刻贻误战机。

　　企业在运用增加创新法则时必须遵循一些基本规律，如消费者认知定律、产品增值规律、概念统一规律、价值融合规律等，如果一味地采取拉郎配，不考察市场基本认知而盲目推动，其结果只能是适得其反。

　　我们在运用增加创新手法时需要注意：

　　（1）必须考虑其可行性。如果新产品中增加的技术有瑕疵，新产品便不成立。

　　（2）必须考虑消费者的接受程度。如果消费者对增加的尺寸或特征功能本身比较排斥，便很难形成消费，创新的效果会大打折扣。

　　（3）增加有范围限制，比如我们不可能无限地在一个产品上添加太多的功能，一般来说，一个产品基础性功能不允许超过三项。

　　（4）增加不是简单的复杂化，而是进行优化和强化，目的是增强在市场上的竞争力。

增加

知识点 4　创新手法之减少

　　减少其实是增加创新的逆过程，也是奥斯本法则中的物理性创新法则。

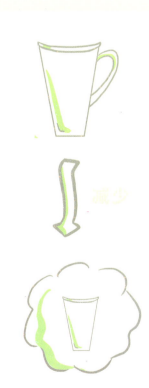

　　手机等电子产品的发展充分说明了减少创新手法的运用。我们早期见到的手机是体积十分庞大的大哥大，携带起来十分不方便，经过科研人员的不断努力，手机体积越来越小、功能越来越强大，充分满足了人们希望的小巧玲珑的愿望。现代产品在小上做文章早已成为潮流。掌上电脑、掌上摄像机等电子产品使得人类享受其可以带来的功能之外也体味到方便实惠。

　　减少性创新法则与增加性创新法则具有很强的共性。我们在关注其共性的同时也必须注意新产品创新中的个性化法则。在减少性创新中，有以下规律性提示。

　　（1）核心的部分不能减少。任何事物的存在是因为其核心而被定义的。比如说，如果改变了产品核心功能，就已经不再是原来的产品，新产品便出现了新品类。

　　（2）要重视对接。在进行减少性创新中，必须把握整体上的完整性，避免出现因为减少而出现缺陷的现象。

　　（3）强化主导功能，在成本可控的情况下对主要保留的部分进行强化。

知识点 5　创新手法之替代

替代性创新包括两种替代：一种是局部替代，另一种是全面替代。局部替代是对于原有事物的部分提升，比如手机APP发布新版本，增加了某项功能。而全面替代必须在核心技术取得突破的情况下才会产生。如当数字解码技术获得突破时，MP3出现了，并且迅速取代了磁带式的随身听。从几个行业的产品和材料运用方面我们可以看到替代性创新的巨大作用。

在建筑领域、机械制造行业和快速消费品领域，替代性材料创新产品使用比较普遍。比如，在汽车零部件中，过去通用的金属材料产品逐渐被新崛起的塑料零部件所替代，所以汽车产品自重越来越轻，汽车产品成本越来越低。在建筑型材中，塑料建筑型材也是

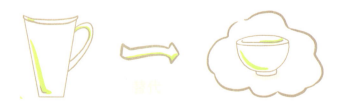

大行其道，无论是现代家具用材还是现代水管用材，钢材在其中的比重都大大减少。在高科技航空航天领域，材料替代性创新的产品更是举不胜举。材料替代性创新的新产品已经成为现代工业创造更卓越性能和更优秀性价比的重要选择。快速消费品领域的材料替代性新产品也已经形成重要支撑点。比如，白酒产品在包装材料上已经出现了多元化。玻璃、铸陶、塑料、不锈钢等材料不胜枚举；在饮料行业，新产品的包装更是让人目不暇接。可以说，替代性材料创造了新产品更广阔的消费空间。

替代性零部件新产品主要表现在机电产品上。我们今天所见到的许多替代性零部件新产品大多是源自金属性产品，而现在，我们能够在新产品中见到许多过去人们难以想象的零部件。

替代性能源新产品在当今的中国市场比比皆是。宏观上，能源产品与过去相比已经产生了翻天覆地的巨大变化。人类在能源产品上已经从自然太阳取能到火力发电取能，从水力发电到核能发电，人类在宏观能源产品上的创新让我们受益无穷。液化气机车、电动汽车、太阳能机车等能源性新产品使我们能够在享受现代文明的同时也感受到新产品的环保优势。可以说，替代性能源新产品的出现改变了人类生活的方式。

知识点 6　创新手法之颠倒

知识链接

　　颠倒是一种逆向思维的创新方法。相对于奥斯本前四项创新法则，颠倒更具有叛逆性与颠覆性。因此，颠倒体现的更多是一种跳跃性的变化。对于习惯用主流思维思考问题的国内企业来说，颠倒性创新法则显得更加可贵。

　　颠倒性创新在服装等个性化产品中应用较多。比如，将男女服装进行换位设计，将前后款式进行对调，将古代服饰与现代服饰进行融会贯通，将上下颜色进行差异化处理，等等。在新上市产品的创新上充分发挥奥斯本颠倒创新法则，才形成了五彩缤纷的服装世界。中国是服装大国，但不是服装强国。这个事实也说明中国企业其实需要更多的颠覆性创新思维。

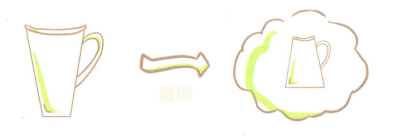

颠倒

　　颠倒性新产品创新有时也是一种思维判断，一种消费市场适应性的把握。有一个比较有意思的案例可以说明颠倒性思维的重要作用。美国辉瑞药业在 20 世纪 90 年代投入巨资研究开发一种心脑血管预防性药物，通过长期的艰苦实验，终于研制出了药物并被投入临床使用。但奇怪的现象发生了，这种药对于心脑血管疾病预防作用十分有限，但对于有性功能障碍的患者却有意想不到的效果。看起来，这似乎是一次失败的新产品研发。但是辉瑞公司并没有简单地否定这个新产品，而是继续在相关人群中进行临床实验。通过大量的临床测试，辉瑞公司决定对这个研究成果进行颠覆性思考，那就是作为男性性功能障碍用药。于是一个新产品——VIAGRA（万艾可，简称伟哥）就诞生了。颠覆性的创新思维成就了这个闻名世界的药品，也改变了辉瑞制药单一的心脑血管药的产品形象。

　　奥斯本颠倒法则是一种比较难以把握的新产品创新法则，其核心是必须有丰富的市场经验与必要的技术基础，也必须有敏锐的眼光与宽广的思维视角。

重新组合首先建立在对现有事物的否定上，然后才是重新创意与创新。

重组是奥斯本创新法则中化学性创新手法，重组的形式主要包括叠加、复合、化合、混合、综合等，其核心是通过化学性的反应思考建立崭新的结构。重新组合开发不仅包括产品或流程的基本元素，同时还包括决定与其相关的很多因素——新产品市场中成功的组织、财务等因素。重组也是当前企业创新中比较核心和比较常用的手法。

从数学的角度去看待产品，一个有着两种元素的产品便可以组合成四种完全不同结构的新产品，这中间还不包括在化学反应过程中形成的过渡性元素参与新产品的重组与结构，而一般我们见到的新产品都远远不止两种元素，因此，新产品的排列组合理论上讲十分庞大。但实际上有一些明显的组合方式不可能形成概念性新产品，因此实际的新产品往往又非常有限。当我们将这些组合放到市场环境下思考，则新产品重组的数量就会变得十分清晰。重组必须充分考虑技术层面、成本层面、消费者层面、竞争层面和资源层面的可行性，才能使得重新组合的操作不至于脱离实际。

农夫果园饮料的诞生就是重新组合创新思维的产物。2002 年，中国果汁饮料市场竞争异常激烈，各类企业纷纷投身这一飞速成长的市场。以创新著称的中国企业养生堂在产品重组性创新上别出心裁。养生堂推出的农夫果园产品打破了对手单一水果的产品诉求，用三种水果进行有效重组，从而在竞争激烈的果汁饮料市场分得一杯羹。重组性奥斯本创新法则让养生堂拥有了又一款极具市场竞争力的产品。

重组性创新对企业与广告公司要求更加严格。我们必须更加深刻地了解市场竞争，在进行重组性新产品创新中须注意市场开发的风险控制，因为相对于奥斯本其他创新法则，重组创新更具原创性色彩。只要有效地运用重组中有利因素，合理规避不利因素，重组创新将为企业带来丰厚的市场回报。

试用创新手法解决以下问题并指出是何种创新手法：

(1) 某高校，学生毕业后自行车丢弃现象严重，造成大量的资源浪费。

(2) 某工厂生产剃须刀，采用自动化包装技术，但品质部门发现流水线上总是出现未包装的空盒子。在自动包装机器修好之前，生产必须正常运转。请提出可行的方法。

(3) 某服装公司召回了大量的牛仔裤产品，因为调色剂使用不对，导致牛仔裤有大小不等的斑点，请提出一种或几种方法，将损失减到最小。

 创意检查表

在创意激发时我们可以用到创意检查表，通过对一系列问题的询问来使原有的方案、产品、流程等得到创新。

| 创造其他用途 | 旧方案 / 产品 / 流程是否有新用途？ | 若修改其内容，以后是否能改变其用途？ |

| 引进新的意涵 | 旧方案 / 产品 / 流程是否有其他意涵？ | 此外，还有什么类似的产品 / 流程？ |

| 修正或改变 | 可否改变既有方案 / 产品 / 流程的某些属性？ |

| 放大 | 可否放大既有方案 / 产品 / 流程的某些属性或局部？ |

资料来源：http://news.xinhuanet.com/legal/2016-04/18/c.128903898.htm

缩小	可否缩小既有方案／产品／流程的某些属性或局部？		
取代	谁能代替决策者做决策？	备选方案／产品／流程是什么？	执行人员可否被取代？
重新排列	可否改变产品的组成和排列顺序？	可否改变方案／流程的因果关系？	
反转或颠倒	既有方案／产品／流程的相反方向是什么？	如何主客易位去思考？	
组合	如何组合旧的元素创造新方案／产品／流程？	如何将不同的目标、想法、用途结合起来？	

5 创新技法之跨界整合

5.1 开放式创新

5.2 世界咖啡汇谈

经验表明，当问题和矛盾被拆解得足够小的时候，不同的产业或领域碰到的问题和矛盾是类似的。在某些领域已被使用的解决方案，完全可以应用于创新者苦苦探索的领域。如果创新者可以形成一个社交圈，从不同背景的人那里迅速地获得不同的观点，快速地整合各种资源，创新者将如虎添翼。

我们推荐两种方法来实现跨界整合创新能力提升，包括开放式创新，以及世界咖啡汇谈。

开放式创新：将企业传统封闭式的创新模式开放，引入外部的创新能力。在开放式创新下，企业在期望发展技术和产品时，能够像使用内部研究能力一样借用外部的研究能力，能够使用自身渠道和外部渠道来共同拓展市场的创新方式。

世界咖啡汇谈：咖啡屋会议适用于各种大小的组织，是一个创造的过程，它引导协作对话、分享知识并创造行动的可能性，通过集中大家的思维和智慧来解决问题，发现思考的共性。

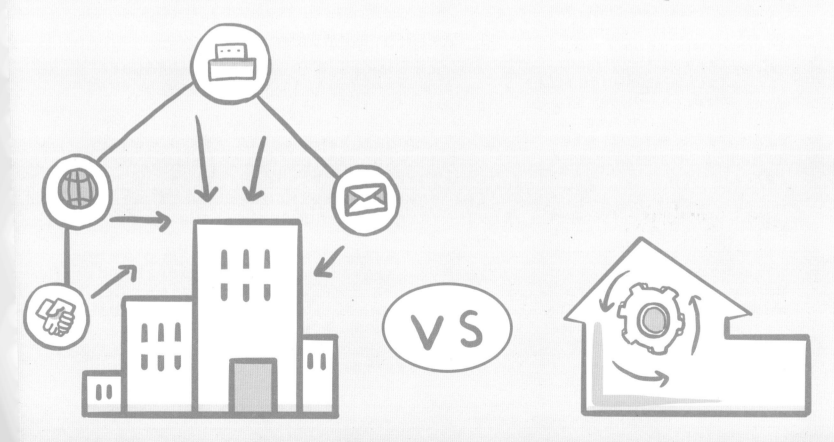

引导案例 宝洁的成功秘诀——开放式创新

宝洁公司（Procter & Gamble, P&G），始创于 1837 年，是一家美国日用消费品生产商，也是目前全球最大的日用消费品生产商，总部位于美国俄亥俄州辛辛那提，全球员工约 126 万人。宝洁公司在全球大约 70 个国家和地区开展业务，通过其旗下品牌服务全球大约 48 亿人，拥有众多深受信赖的优质、领先品牌，包括帮宝适、汰渍、碧浪、护舒宝、潘婷、飘柔、海飞丝、威娜、佳洁士、舒肤佳、玉兰油、SK-Ⅱ、欧乐B、金霸王、吉列、博朗等。

对于宝洁这个庞然大物来说，持续不断地推陈出新并不容易。尽管其在规模、管理能力和赖以冒险的资源上拥有巨大优势，但这种创新很容易就会因官僚主义、安于现状等"大企业病"而消耗殆尽。但是不创新就难以生存，而大多数创新又都会以失败告终。作为一家有着 176 年历史的跨国公司，宝洁成功化解了这个两难命题，虽经历百年风霜，宝洁脸上却无丝毫苍老，其关键所在就是对创新模式的创新。

1. "联系与开发"的开放式创新

20 世纪 90 年代，宝洁公司旗下 18 个最优秀的品牌中大多数销售额都在不断下滑。临危受命的新任 CEO 雷富礼（A. G. Lafley）对公司所面临的问题有着独到的见解。

他与管理团队按照追根溯源和未雨绸缪的思路，提出以下问题：保证宝洁实现可持续增长的最根本因素是什么？是什么阻碍了这个根本因素发挥作用、如何清除障碍并进一步强化根本增长？他们经过系统思考和反复讨论，终于达成了一个共识：唯有创新才是公司发展的不竭动力和根本源泉，继而又得出了一个可能引发争议的结论：目前宝洁的创新模式存在问题。

在宝洁指责"创新不力"就如同指责"品牌管理不善"一样，让人听起来觉得荒谬可笑、无法接受。一个多世纪里，让宝洁引以为傲的创新不胜枚举。也正是这些昔日的辉煌，让整个公司对原有创新模式产生了依赖乃至崇拜的思想。宝洁关于创新的最主要原则之一就是"一切答案，尽出于我"，它是宝洁内部创新模式最生动的写照。顾名思义，"内部创新"就是指本企业人员使用"砖块加水泥"的自有研发设施，独立地开发一切所需的应用技术或解决方案，完整地拥有创新成果的产权，把整个创新过程全部置于企业内部。

宝洁经典的月亮商标　　2003年开始启用的纯字体宝洁Logo　　新版的宝洁Logo

然而，内部创新模式已经无法满足新形势下宝洁发展的需要。对于年销售额 840 亿美元（数据源自宝洁 2013 年年报）的经营规模，基数庞大使保持原先的增长速度越发困难，单纯依靠内部创新根本无以为继。坚持"自建、自研、自有"的内部创新模式不仅耗资过度，而且还可能导致组织臃肿、协调不力等问题。更重要的是，内部创新的效果及效率无法应对瞬息万变的市场、残酷激烈的竞争和全球化的趋势。

1970 年，小企业申请到的专利只占全球数量的 5%，2000 年，已达 1/3。据宝洁估计，全世界约有 150 万名科学家或工程师拥有与宝洁公司相关的专门知识或技术。那么，为什么不能对这些宝贵而又现成的资源得而纳之、引为己用呢？雷富礼及其管理团队决心挑战公司上下原来引以为傲的传统，对创新模式进行颠覆性的变革，大胆采用外部创新战略。

新任 CEO 雷富礼提出了"开放式创新"概念，将宝洁心脏——研发（Research&Develop）改名为联发（Connect+Develop），即打开公司围墙，联合外部松散的非宝洁员工组成群体智慧，按照消费者的需求进行有目的的创新，然后再通过技术信息平台，让各项提案在全球范围内得到最优的配置。

雷富礼认为，"围墙"不应该是企业追求创新的障碍。他还要求，每年公司的创新成果都要保证一半来自于公司外部。但是，开放式创新决不是简单的拿来主义，而是强调了一种关联性。"企业外部也许恰好有人知道如何解决你的企业所面临的特殊问题，或者能够比你更好地把握现在你面临的机遇。你必须找到他们，找到一种和他们合作的机会。"雷富礼说。当时，他制定的目标是到 2010 年引入 50% 以上的外部创新，但是在 2006 年，就已经实现了既定目标。

"联系与开发"操作流程可以被归纳为两大步骤：提出问题和解决问题，如图 5-1 所示。

"提出问题"是指针对每项创新，需经过三个步骤，顺次形成"顾客需求—技术问题—技术概要"三份文件，称为"三位一体"。

"解决问题"可分为"发现—评估—开发"三个连环步骤。如图 5-1 所示。

（选编自：清华大学技术创新研究中心）

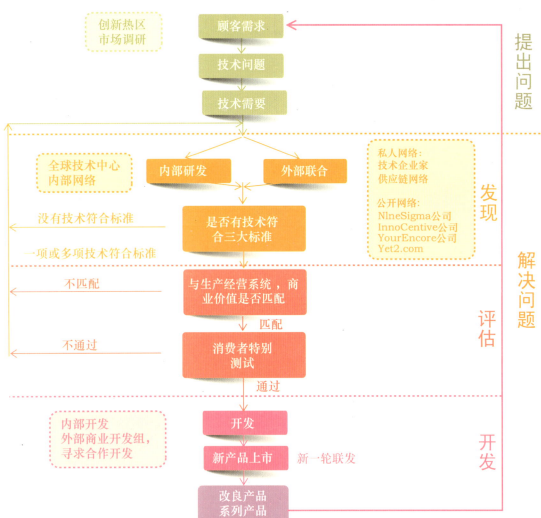

图 5-1 宝洁 "联系与开发" 模式操作流程

2. 创新组织

为了实施"联发"创新，宝洁公司逐步建立了一个与创新紧密联系的开放式组织，用以鼓励创新和发现创新。宝洁公司在内部和外部都有广泛的为实现创新服务的创新关联组织。而且，宝洁公司还有专门用于创意猎取和采集的网络，是快速获取有效解决方案的最有力工具。如图 5-2 所示。

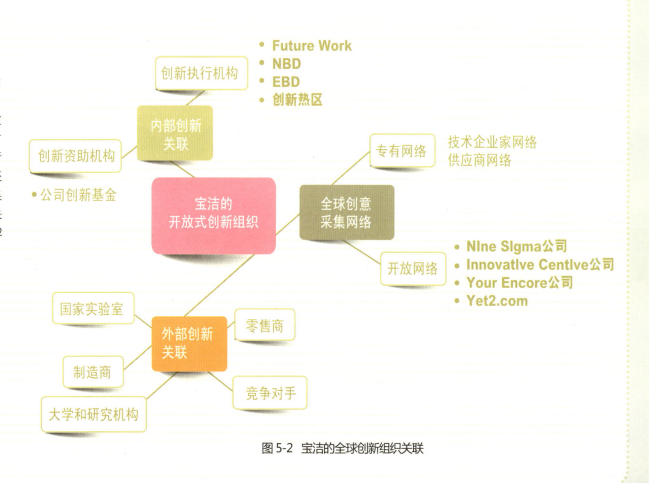

图 5-2　宝洁的全球创新组织关联

3. 创新启示

　　宝洁公司能够从一个生产蜡烛的小工厂发展到今天拥有 300 多个品牌、近 1000 种产品的日化用品公司，根本原因就在于公司的联合机制。宝洁公司对每一项所拥有的技术都进行深入挖掘，开发一项技术的多种产品和品牌，一项技术可以研发出多种产品，每种产品又含有新技术，而每种新技术又可以产生另一批产品，这样的机制使宝洁公司的产品成几何倍数增长。宝洁公司的这种成长机制使其已经发展成为全球最大的跨国公司之一。

　　进入 21 世纪后，单纯依靠内部力量已经不能促使规模如此庞大的宝洁公司进一步壮大，开放式创新已成为今天宝洁公司进一步发展的驱动力。宝洁公司通过外部联合发展，集合全球 200 万名创新者的智慧，寻找适合的技术和产品，再对这些技术和产品进行合作创造，开发每项技术和产品的最大潜能，迅速发展系列产品。它使宝洁公司更加灵活、更快地推出满足消费者需求的产品，更快壮大。例如，宝洁公司 2002 年获得 Basotect 技术，2003 推出第一种产品——清洁先生魔力清洗擦，之后宝洁公司致力于此产品的进一步研究，同时加入其他技术，三年内推出 13 种产品，清洁先生的家族迅速扩大，并且仍然有新产品即将加入这个家族。

　　宝洁，这家旨在生产和提供世界一流的产品和服务，以美化消费者生活的日用品公司，把创新看作一个完整的流程，开展"联系与开发"的开放式产品创新模式，改写了创新的定义，通过这一系列举措，这位年岁已高的巨人不断地焕发着活力，成为真正的游戏颠覆者。

小组讨论

（1）宝洁的创新模式发生了怎样的转变？雷富礼所提出的"开放式创新"同一般创新模式有何不同？

（2）选定一个你感兴趣的行业，思考一下，有哪些企业可以进行"联系与开发"的开放式创新？

知识点 1 什么是开放式创新

> 开放式创新这个词，最早是由加州大学伯克利分校的教授亨利·切萨布鲁夫（Henry Chesbrough）在他的《开放式创新：新的科技创造盈利方向》一书中提到。他认为企业应该善用内部和外部的知识与创新的资源，并赋予它们更高的价值。
>
> 亨利·切萨布鲁夫区分了两种不同形式的开放式创新：
>
> 我想区分两种重要的不同形式的开放式创新：由外而内的和由内而外的。由外而内的开放式创新，是指一个公司开放自主创新程序，从外部获得各种资源输入和成果输入。这方面的开放式创新已获得极大关注，无论是在学术研究方面还是产业实践方面。由内而外的开放式创新，需要组织允许将未使用的和未被充分利用的创意供给组织以外的其他人们应用在他们的业务上。与由外而内的开放式创新相比，这部分模型无论是在学术研究方面还是产业实践方面都没有被很好地理解。"
>
> （摘自 IM.se 对亨利·切萨布鲁夫的采访，作者 Oana-Maria）
>
> 开放式创新（Open Innovation）是将企业传统封闭式的创新模式开放，引入外部的创新能力。在开放式创新下，企业在期望发展技术和产品时，能够也应该像使用内部研究能力一样借用外部的研究能力，能够也应该使用自身渠道和外部渠道来共同拓展市场。

知识链接   知识点 2 为什么需要开放式创新

1. 企业创新面临严峻挑战

　　高度互联互通的社会，使得信息得到全方位的快速传播和融合，这对企业而言，既是机遇又是挑战。由于数字技术带来的颠覆性影响，体现"多快好省"的新产品及新服务不断在市场上涌现，它们既有可能很快被市场接受，又可能很快衰落。这种局面造成企业学习的时间大大缩短，新产品新技术所带来的竞争优势很难维持；由于各产业融合混战、跨界竞争，竞争者来自四面八方，也让企业应接不暇（见图 5-3）。

　　环境越是多变，创新越显重要。既然市场需要"多快好省"的新产品和新服务，企业创新就要满足以下四个要求：定位准——创新要找准市场和消费者痛点；速度快——创新的周期要缩短；价格低——对创新成本要更有效地管理，做到物美与价廉兼得；多维度——创新不仅局限于传统意义上的科技创新，还需要流程、商业模式等多方面的综合创新才能将创新的价值最大化。

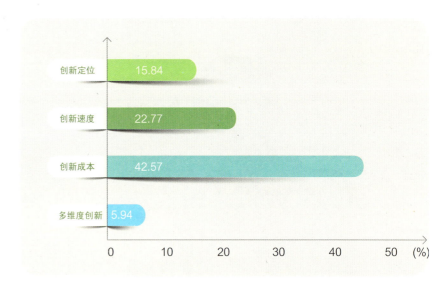

图 5-3　目前企业所面临的创新难点

（资料来源：埃森哲卓越绩效研究院《2014 中国企业创新调查》）

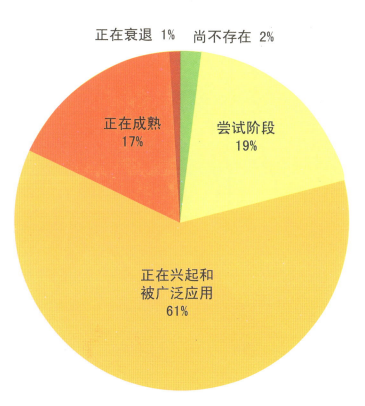

正在衰退 1%　尚不存在 2%

正在成熟
17%

尝试阶段
19%

正在兴起和
被广泛应用
61%

图 5-4　开放式创新目前所处阶段

（资料来源：InnoCentive，2012 年全球开放式创新现状）

2. 开放式创新取代内部创新

在新环境下，旧有的创新模式已经无法适应新的市场需求。长期以来，国内外的优秀企业采用的都是内部创新模式——企业使用自有研发设施，独立开发一切所需要的技术或解决方案，完整拥有创新成果的产权，把整个创新过程全部置于企业内部。

这种"一切答案，尽出于我"的内部创新模式已经显得力不从心，"自建、自研、自有"的内部创新模式不仅耗资靡费，而且效果及效率无法应对瞬息万变的市场以及残酷激烈的竞争。

是时候彻底改变了。为了补充创新资源、提升创新效率，越来越多的企业采用了新的创新模式——借助"外脑"的开放式创新。值得注意的是，拥抱开放式创新的企业并不仅仅是拥有"开放基因"的互联网企业，众多传统行业的世界 500 强企业也都广泛地采用开放式创新这一新模式（见图 5-4）。

虽然高度互联互通性给企业创新造成了新挑战，但也为企业利用"外脑"进行开放式创新提供了强大的技术工具。正是由于这些技术工具的进步，企业具备对新技术、新服务的搜寻和网罗能力，企业创新中心的边界不断扩大，将广大的消费者、供应商、合作方、个人专家和研究机构都纳入到自己的创新资源当中。

开放式创新和内部创新不是非黑即白的对立关系，而是相辅相成的关系。

何时需要借助外力？企业可以通过以下两点来判断：

一是企业所处的外部环境。当外部环境变化剧烈、复杂程度高、不确定因素多时，企业单靠自身资源难以应对，或独立行动风险过高。

二是企业创新的影响范围和程度。单一产品的研发创新和跨部门跨事业部的组织大变革相比，后者所需要的技术储备、管理能力、创新资源更多、更复杂，对外部资源的需求也就更迫切（见图 5-5）。

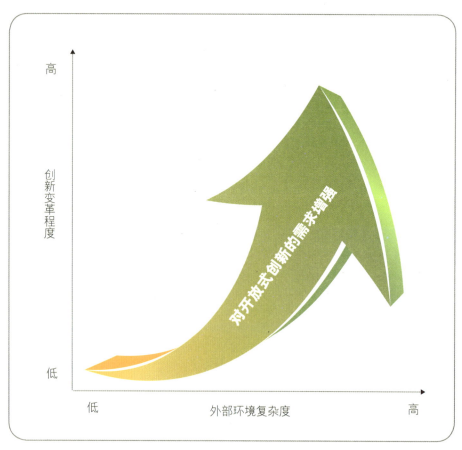

图 5-5　企业创新模式的选择空间　　（资料来源：埃森哲分析）

知识点 3　开放式创新平台的三种模式　知识链接

开放式创新形式多样，但核心都是通过搭建一个平台，和"外脑"互联，搜寻、识别和选择出最能满足企业创新需求的合作方，使之成为企业内部创新资源的重要补充。

开放式创新平台主要有三种模式：

模式 1：企业自建平台

这一模式又包含两种平台：半开放平台和全开放平台。

企业（创新需求方）　企业自建半开放平台　潜在创新提供方

模式 1a：企业自建半开放平台

企业（创新需求方）　企业自建全开放平台　潜在创新提供方

模式 1b：企业自建全开放平台

模式 1a：企业自建半开放平台

企业自建创新平台，通过平台连接到潜在的创新提供方，但这个潜在创新提供方是一个固定、相对封闭的群体，并不是任何机构都能加入的。宝洁等公司都有这样的半开放式创新平台。常见的情况是将企业自身价值链中的创新活动与固定数量的、长期合作的、大型供应商的创新活动结合在一起，企业开发电子化平台用以传递相关技术信息，保证了合作开发的实时沟通，还能以互派人员等形式进行联合开发。

模式 1b：企业自建全开放平台

与上一种模式类似，企业自建平台对外开放，但对创新提供方并没有限制，任何个人、研究机构、企业都可以作为创新方案的提供方加入这个平台。企业在平台上提出创新需求并招标，创新提供方将自己的解决方案提交给企业，由企业进行筛选，并与最优方案提供方建立合作关系。

飞利浦和海尔都有这样的自建开放式平台。

　　飞利浦在其开放式创新平台 Simply Innovate
网站上，提供公司正在研发的产品类别和开放
式创新挑战项目。大到完全原创的新创意和新
技术，小到对现有产品的改进和新产品的零件
设计，任何人都可以通过这个网站提交一份详
尽的方案描述。飞利浦的创新团队会对这些方
案进行评估，看其是否有助于改善产品性能或
满足用户需求，并在 6 周之内提供反馈，对可
行的方案双方再商讨具体的合作创新方式并进
行实施。

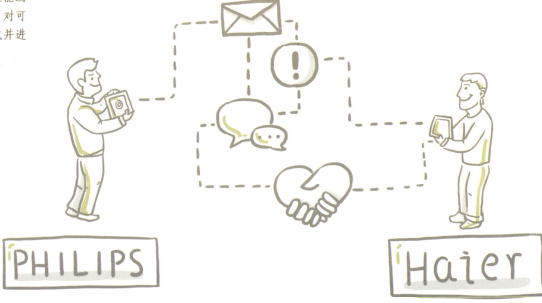

模式 2：独立第三方创新集市为创新需求方和提供方提供一个交易平台

这类开放式创新平台是由第三方建立的独立创新交易集市，这个平台就像桥梁一样联结其创新的供需双方。企业在上面提出自己的创新需求，有能力的个人、机构、企业提供自己的解决方案供需求方选择。欧美国家已涌现出大批独立创新开放平台，如 Kaggle、Nine Sigma、Idea Connection、Innocentive 等。

根据创新提供方合作方式的不同，这一平台又包括两种形式。

一种形式是创新提供方独立的个人或机构，"一对一"地为企业服务。

这种模式的典型代表是成立于 2000 年的 Nine Sigma，它是一家涉及众多行业和领域的独立中介机构。Nine Sigma 将技术需求方和技术供应方联系起来，为前者在各种行业中搜索解决方案，同时也为后者的技术和创意提供用武之地。技术需求方可以通过 Nine Sigma 的网络进行技术咨询或招标，收到技术概要的供应方通过同一网络将解决方案反馈给需求方。技术供应方是第三方独立机构，其中小型创业公司和大型公司占到 60%，科研人员占到 30%，其余为公共或私立实验室。

另一种形式是创新提供方为一群原本不相识的个人，他们一起合作完成一个项目。这是以"一对多"的近似"众包"方式进行合作。

典型代表如成立于 2010 年的 Kaggle，这是一个进行数据挖掘和预测竞赛的在线平台。与 Kaggle 合作之后，一家公司可以提供一些数据，进而提出一个问题，并由此开展一个解决方案的竞赛。Kaggle 网站上的数据科学家可组队，参与到这个竞赛中来受领任务，提供解决方案，并展开竞争。提出最好方案的竞赛者将获得奖金，而举办竞赛的公司也能最终拥有数据分析的结果、模型等知识产权。

企业
（创新需求方）　独立创新平台　潜在创新提供方

模式 3：第三方独立机构提供 "端到端" 的开放式创新全流程服务

了更高的要求，同时，也需要更有效地管理开放式创新的潜在风险。

随着开放式创新模式被越来越多的大企业所运用，企业通过开放式创新所解决的问题越来越复杂。最开始开放式创新解决的多是单一技术或产品层面的需求，现在解决的问题涉及企业整个运营流程的改变、商业模式的变革。因为这样的创新解决方案影响的是整个企业，而不是一个局部的产品，因而企业无论是在量上还是在质上，对开放式创新都有

正是在这样的背景下，一些第三方机构开始为大企业提供 "端到端" 的全流程服务：他们听取企业的创新诉求，在此基础上帮助企业搜寻合适的外部创新提供方，协调双方的创新活动，达到最优的整合效果。

对比模式 2 和模式 3，模式 2 中的第三方平台承担的是一个集市的作用，平台本身不会参与到企业具体的创新管理当中去。而模式 3 最大的不同之处在于，第三方机构提供从 "前期搜索" 到 "后期整合" 整个创新管理的全流程服务。

（资料来源：埃森哲分析，https://webcache.googleusercontent.com/search?q=cache:bo-qk0ezhHQJ: https://www.accenture.com/cn-zh/insight-outlook-embrace-open-innovation. aspx+&cd=1&hl=zh-N&ct=clnk）

建立开放式创新平台并不一定意味着创新效果和效率的显著提高，企业还需要应对其他挑战，其中一个显而易见的挑战是对"外脑"的识别能力上。也就是在企业资源允许的范围内，要保证"外脑"多样性、可得性和与企业需求的匹配性等多个维度上的最优。

另一个挑战是，第三方提供的技术、服务无法和企业内部流程、体系完美整合起来。利用外部创新资源并不意味着企业应该削弱对创新过程的控制，恰恰相反，企业需要具备强有力的创新过程控制和整合能力，包括对内外部创新活动及其过程的规划、管理和控制，以及最终将第三方技术或服务成功整合到企业现有机制等全方位的能力。

企业具体该选择哪种开放式创新平台的模式，并没有一定规定，企业要按需选择最适合的平台模式。但无论采取哪种模式，**开放式创新战略并不意味着企业可以减少对创新过程的控制，更不能理解为企业可以放弃内部创新**。如表 5-1 所示。

表 5-1 四类创新平台对比

开放式创新平台模式	平台特点	外部搜寻能力	内部整合能力
模式 1a	企业自建半开放。创新提供方范围较固定	较低	高
模式 1b	企业自建、开放。创新提供方范围不受限	较高	较高
模式 2	第三方独立平台。创新提供方范围不受限，为供需方双方的交易集市	高	低
模式 3	第三方独立平台。创新提供方范围不受限，提供端到端的全流程服务方	高	高

拓展阅读 **更多企业开始尝试开放式创新**

开放式创新是一个比较笼统的概念，企业的任何非封闭式的创新活动都可被称为开放式创新，如共同研发、对知识产权（IP）的获取或输出、收购新创意甚至新产品、允许第三方开发软件或服务等。这些创新活动虽然都是开放式创新，但它们的内涵、实施方法、所适用的企业类型和所需要的企业技能等都有显著的不同。一般而言，开放式创新有四种主要模式，而宝洁、英特尔、IBM和苹果的开放式创新则是这四种模式的最典型代表。

宝洁模式：直接取用

宝洁是成功实施开放式创新的典范，其模式就是直接引用企业外部创新。宝洁的高管们意识到要想在当今竞争极其激烈的全球市场上长盛不衰，只依赖自身近9000名研发人员远远不够。因此，在宝洁前任总裁雷富礼2000年上任后即设立了一个项目（Connect & Develop），旨在从其他企业获取或收购新产品并以宝洁的品牌推出。为了更有效地实施这项工作，宝洁专门组建了一支人数众多的技术搜索队，在和宝洁相关的高达2万人的研发人员团体中时刻搜寻最有前景的技术和新产品。宝洁的开放式创新成绩显著，它使得宝洁每年新产品的外部比例高达50%，其中不乏明星产品。如从新创企业Spin Brush收购的电动牙刷，在推出的第一年就为宝洁创造了2亿美元的销量。

英特尔模式：共同研发

英特尔实施的开放式创新模式就是合作研发。它最重要的三个外部合作伙伴是供应商、用户和相关开发商。为了有效地和它们进行联合研发，英特尔具有针对性地建立了两个实验室。它通过部件研发实验室从供应商、用户及开发商那里系统地获得新技术和创意。其实，英特尔的内部研发宗旨就是积极和外部研发相关联，它将内部研发通过自己最核心的微处理器研发实验室整合起来，获得研发的效用最大化。英特尔还每年投资超过1亿美元支持大学的基础研究。它虽并不拥有这些知识，但具有最先通过自身研发部门将这些知识转化为产品的机会。

IBM 模式：扶植社区

　　IBM 一直实施的开放式创新模式就是扶植技术社区。在 20 世纪 90 年代初期，变革前的 IBM 在 UNIX 和微软 NT 视窗的打击下节节败退。它意识到这两种操作系统对企业 IT 的发展方向具有深远的影响力，而企业 IT 市场正是 IBM 安身立命的基础，无法承受失败。于是，IBM 开始支持围绕 Linux 操作系统的技术社区。虽然 Linux 是一个开放式免费软件系统，IBM 无法从中直接盈利，但它知道通过影响 Linux 系统才会对企业 IT 的发展方向产生一定程度的掌控力。于是多年来，IBM 一直投入大量人力财力不断完善 Linux 系统。目前，IBM 每年用于 Linux 系统的开发费用高达 1 亿美元。在 IBM 的带领下，围绕 Linux 的技术开发社区发展状况良好，其他参与企业用于将 Linux 系统进行各类商业应用的开发费用高达 8 亿美元。另外，IBM 还大力支持另一个开放式软件 Java 的技术社区。因为这两种语言的成功都有助于 IBM 将自身的众多产品和其他相关企业的硬软件产品实现深度整合，并让 IBM 对企业 IT 技术的宏观发展方向具有发言权。其实，所有参与源码开发技术社区的企业遵循的都是这种开放式创新模式。

苹果模式：平台整合

　　这是开放式创新中最复杂的一种模式，也就是生态系统创新。这种模式的实施，要求核心企业起到技术平台和整合者的作用，而所有相关企业则围绕这个核心企业形成一个活跃而多元化的企业生态系统，在核心企业的协调和指导下进行互惠互利的创新活动。如苹果通过 iPhone 和 iPad 硬件平台吸引了数目众多的第三方企业开发各类应用软件和服务，并利用自身的技术优势对这些创新进行深度整合，以达到综合效用的最大化。其实，苹果强大的创新能力在很大程度上就是依靠这种开放式创新模式而实现的。

　　其实，开放式创新不但只是创新从外向内输入，还包括内部技术和创新的向外输出。宝洁的政策是如果一个技术在开发后 3 年内未被宝洁任何一个部门使用，就可将其向外输出以获取专利费用。IBM 也是如此，它把自身的微处理器技术开放给第三方，同时还把若干核心技术如铜镀隔离器技术向外输出。早在 2001 年，IBM 在技术执照上的收入就高达 17 亿美元。

　　美国质量学会会员与顾客供方部的负责人斯蒂文·海克先生决定以世界咖啡汇谈形式举办可口可乐全球实验室论坛。海克认为，世界咖啡汇谈方式是可行的。他说："人们渴望对话与交流，咖啡馆的环境非常适宜这种交流。这种对话形式和艺术家绘画似的过程是医疗界的新品牌。这一形式取得了巨大成果。"

　　题为"实验室医学对风险世界的反应"的论坛在马里兰州的巴尔的摩市举行。大约 40 位极具创意的高层管理者参加了论坛。他们的目标是制定一个未来实验室医学愿景，接下来的就是采取什么措施向着这一目标前进了。

　　海克说："颜色笔、标示物和坦诚的谈话达到了预期的效果。这种互动使参加者自觉承担了开创一个世界实验室运动的基础工作。我们并不关注解决问题，谈话的目的是构思愿景。"

　　海克是从美国质量学会的行政主任和总战略官波尔·博拉斯基那里熟悉世界咖啡汇谈概念的。

　　谈到世界实验室医学论坛的成功时，博拉斯基说："看到世界咖啡汇谈这一工具被使用得如此有效，很令人激动。

质量怎样朝着我们期望的方向发展并大范围地用于人类关心的问题？类似这样的问题都可以在论坛中探讨。"

　　埃瑞恩·伍德这位活跃的战略咨询师为美国质量学会的理事、会员和员工进行了这一方法的培训。在过去 11 年中，伍德曾经主办过 350 次咖啡馆论坛活动，于 2002 年将这一概念介绍给美国质量学会。伍德说："咖啡馆论坛不涉及政治，只有坦诚、集体的思考和畅所欲言——所有这些都是由提问引导的。这一形式可以用于任何地点，适用于任何人。它为人们提供了讲心里话的氛围。谈话中免不了出现一些观点的对峙，但不影响彼此互相尊重。全心投入和积极的态度会使你有不同的感觉。这是你应该体验的。"

（选编自：智库·百科）

小组讨论

通过案例，你能发现世界咖啡汇谈的哪些组成要素？它和一般的会议有何不同？

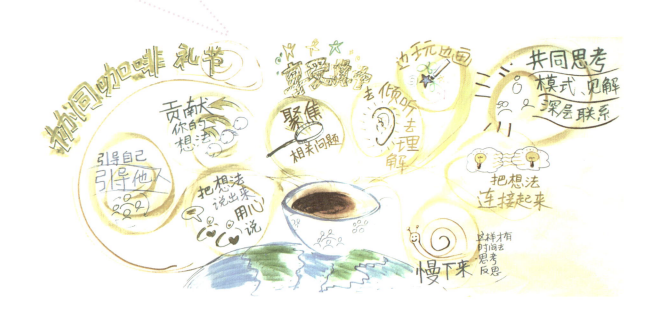

咖啡馆对话是我所见过最能帮助我们体验集体创造力的一种方法。

——彼得·圣吉

知识点 1 什么是世界咖啡汇谈

在1995年加州的一场集会中，华妮塔·布朗（Juanita Brown）、戴维·伊萨克（David Isaacs）与他们的客人们，共同发现了一种新形态的集体智能汇集方式，后来他们称这种方式为"世界咖啡汇谈"（有时也被称作"世界咖啡"、"世界咖啡屋"、"世界咖啡厅"等）。

"世界咖啡汇谈"（A World Cafe）在国际间传播多年，美国得州坦帕湾科学工艺博物馆、墨西哥公益事业全国基金会、沙特阿拉伯石油公司、惠普公司、新加坡政府都曾采用此种对话方式为组织寻求最大的效益。世界咖啡汇谈不是为了让参与者喝咖啡而聚集他们，而是一套很有弹性的实用讨论流程，可以带动同步对话、分享共同知识，并且有效地在对话中为焦点议题创造新的意义以及各种可能，甚至找到新的行动契机。

这是一种同时适合小至20人的团体，大至数百人组织的会议方式，它采用咖啡桌的形式分组，解构各种大型座谈会的框架限制，以4～5人为一桌，邀请来自不同领域的朋友展开轮番对谈。每一桌在简单的自我介绍后，各选出一位桌长负责记录，讨论一定时间后，桌长保持不动，其他组员移动至各桌，由另一桌的桌长介绍前一轮的结论，并以此为基础进行更深入的讨论，以此种方式进行数回合后，参与者回到原本的咖啡桌，观看大家智慧分享的内容，并整理出讨论重点。

"世界咖啡汇谈"提供一个智慧汇集的平台，摆脱传统研讨会单向传播的限制，让参与者在舒适宜人的环境中打开话匣子，并全心投入对话，而每一个参与者不仅是演讲者，更是聆听者。参与者在进行咖啡旅行过程中，必定会吸纳来自各领域的多元观点，对世界产生新的想象，当集体认同被凝聚，对世界产生新的想象，志同道合的感动油然而生，众人的集体智慧便能够自然汇集，并且对未来产生改变的行动力。

人们很容易被自己过去所学或者经验所限制，一个团体或公司也很容易被既成文化或价值观所限制，同构型越高，越不容易产生新的点子。世界咖啡汇谈让参与者从对个人风格、学习方式和情感智商所有这些我们惯用的评判人的方式的关注中解放出来，使人能够用新的视角来看世界。让人们进行深度的会谈，并产生更富于远见的洞察力。众行集团应用"世界咖啡汇谈"这一行动学习经典技术成功服务了近百家各行业的客户。

世界咖啡汇谈是一种脑力激荡的讨论程序，是在一种轻松的氛围中，通过弹性的小团体讨论，真诚对话，产生团体智慧的讨论方式。

知识点 2　世界咖啡汇谈的设计原则

世界咖啡汇谈会议模式的主要精神就是"跨界"，不同专业背景、不同职务、不同部门的一群人，针对数个主题，发表各自的见解，互相意见碰撞，激发出意想不到的创新点子。

世界咖啡汇谈让参与者从对个人风格、学习方式和情感智商所有这些我们惯用的评判方式关注中解放出来，使人们能够用新的视角来看世界。让人们进行深度的会谈，并产生更富于远见的洞察力。为了实现会谈的商业价值和社会价值，经过多年发展形成世界咖啡汇谈的七大设计原则：

原则一：为背景定调

首先要注意三个 P：目的（Purpose）、与会者（Participants）和外在因素（Parameters）。

原则二：营造愉悦的空间

这个空间必须让人觉得舒服、有安全感、勇于表现自己。

思考该如何通过邀请函的设计和场地的安排规划，创造出好客的氛围。如在邀请函的设计、会场的布置方面显得热闹亲切，让人们一进入会场，便能听到优美的音乐、看到自然的采光和户外的美景。摆放绿色植物，以活跃气氛。墙上多挂几幅图片或海报，便能将沉闷的会场变得活泼。食物和点心也是营造好客感和社群氛围的最佳帮手。

原则三：探索关键议题

为了开启关键对话，必须先费心构思出重要的议题。咖啡馆对话的目的，就是在发掘和探索有力的议题，认真程度就像在找当下的对策一样。所选择的议题，是决定这场对话成功与否的关键。

原则四：鼓励人人有贡献

每桌只坐 4~5 人，原因是要让每个人的声音都能被充分听见。在大部分的咖啡馆集会场合里，只要提出问题，人们就会在别人的鼓励下展开对话，探索各种想法。

原则五：糅合、联系不同的观点

在开始对话后，要在不同桌次之间更换座位、和陌生人交谈、大方提出彼此的想法、将心得发现与正在成形扩大的集体思想加以结合，最后模式会浮现、不同观点被竞相提出、各种见地与创意也以意想不到的方式结合呈现。

原则六：一起聆听、洞察问题并加深对问题的理解

在知识创造的过程中，一定要注意其中出现的模式和链接。要想发掘出新的知识，就依靠这种动态聆听。身为咖啡馆主持人，多方鼓励这种聆听方式，才有可能催生出更多的见地、创意与行动。

原则七：分享收成与创新

最好经过几个回合的对话之后，再进行全体对话，并提供一个空间与一段安静的时间供大家共同反思。请会场中的任何一个人简单分享对他们来说，最有意义的观念、主题或核心问题，并鼓励大家仔细想想前几回合的对话，有没有得出什么心得可以分享。在安静的环境里，才有可能释放出深层的智能、领悟新的知识、发现新的可能。

1

4－5个人围坐在类似咖啡座的桌子旁，或围坐成一个谈话小组。

2

展开每次时长20～30分钟的渐进式谈话（通常为3轮）。

3

各小组同时开始探讨与工作、生活或社区密切相关的同样的话题。

4

鼓励各桌的桌主及成员将讨论中出现的重要的想法、意见记录在桌布或铺在桌子中间的纸上。

5

完成第一轮讨论后，每桌请一个人留在原位做桌主，其余的人则做"旅行者"或者"意义犬使"，将主要的想法、主题或者问题带到新的讨论中。

知识点 3 世界咖啡汇谈的运作流程

知识链接

6 请桌主欢迎新来的伙伴，简单介绍刚刚讨论中的主要想法、主题及问题，并鼓励新来的朋友将这桌的想法与他们刚刚各自讨论的内容联系起来。大家要注意互相倾听，在各自的贡献上做更深入的思考。

7 几次讨论的机会会将各种想法、主题及问题开始联系在一起。在第二轮讨论结束后，所有桌子讨论的内容都会和前一轮讨论的见解相互结合。

8 第三次的讨论，所有的人可以回到原位综合整理自己的发现，也可以转移到新的桌子继续讨论，留在座位上的可以是第一次的桌主，也可以是新的桌主。有时候，第三次讨论可以探讨一个更为深入的新问题。

9 几次讨论之后，全体一起分享和发现各自的见解。在这些城镇会议式的讨论中，相同的问题可以被确定下来，集体的智慧在成长，行动的可能性也涌现出来。

当知道了会议的目的以及可用于会议的时间长度之后，你就能决定要讨论几次，每次讨论持续多长时间，怎么才能最有效地提出问题，以及最有趣地将想法与意见整合到一起的方式。

世界咖啡汇谈策略曾经帮助过这些企业

Intel 公司是设计制造 IC 芯片的公司，却聘用一群社会学家与人类学家，参与新产品研究开发，不从技术角度而是从人类需求角度，提出了人类需要无所不在地利用计算机上网，因此 Intel 发明了无线上网技术。

日本任天堂游戏机公司，聘用了年轻的电玩高手，参与研究发展。

为了制定一个未来实验室医学愿景，以及商讨采取什么措施向着这一目标前进，美国质量学会员与顾客供方部的负责人海克先生决定以"世界咖啡屋"的形式举办可口可乐全球实验室论坛，邀请了大约 40 位极具创意的高层管理者，取得很大的成功。

宝洁公司是世界上最大的日化产品公司，在探讨日化产品十年后的发展时，发现自己公司里缺乏生物化学方面的知识，立刻寻找了数十名生物化学专家研讨，以保持自己在日化领域的领导者地位。

世界咖啡汇谈帮助惠普打印机部安全事故发生率整体降低了 33%。

世界咖啡汇谈直接或间接地帮助赛诺菲·圣德拉堡制药公司加拿大分公司实现了高速发展，保持着每年两位数的增长率。

世界咖啡汇谈帮助坦帕湾畔的科学与工业博物馆在 2003 年成功实现扭亏为盈，创造了 26.7 万美元的盈利。

（资料来源：朱安妮塔·布朗、戴维·伊萨克. 世界咖啡：创造集体智慧的汇谈方法 [M]. 郝耀伟译. 北京：机械工业出版社，2010）

世界咖啡汇谈会话之创新大未来

地点要求：有自然光照、有轻松氛围。

可选择：教室 / 会议室 / 咖啡馆。

成员安排：根据学号 / 兴趣等的不同，每 4 ~ 5 个同学为一组；

将全班分成 N 个小组，并选出一名主持人；

每桌安排一名桌长。

氛围营造与物品准备：

（1）桌椅的摆放要类似咖啡馆的形式，每桌可围坐 4 ~ 5 个人，不能有人站着。在前方为主持人摆放一张桌子，放置各种所需材料。环境布置尽可能具有艺术性，张贴标语或播放音乐，可以更好地体现氛围。可准备饮料和点心。

（2）每张桌子上至少放 2 张大纸，一个装了彩色马克笔的笔筒，鼓励大家把各种想法用文字或图形表达出来，方便摘记涌现出来的好想法。

（3）要有一面平整的墙面或 2 块及以上的移动白板，以便于张贴海报。

（4）其他有助于思考和记录的道具。

主持人需要做什么？

介绍主题，带领大家进入讨论，回顾讨论内容。

鼓励发言，维持良好的互动气氛。

第一轮尽量每个人都发言，并确认记录者，请其记录重点，第二轮开放补充或深化讨论。

在空档中，加入自己的见解，证明自己的存在。

促进小组完成三个回合的内容重点整理。

桌长需要做什么？

负责引导讨论。

负责上台报告讨论结果。

自己记录或请人记录讨论结果。

参与者需要做什么？

相信这是个开放空间，勇敢贡献自己的想法。

欣赏、聆听及观察他人的想法。

放下批评，学习反思，思考是否有更多想法可以连接。

将想法写入海报纸中。

会话流程

第一回合，计时 10 分钟

世界咖啡汇谈的讨论题目：
你认为当今世界的创新趋势是什么？

1

请换桌（桌长不动，组员请尽量不同）

5

请学员写下此次
参与的心得和建议

第二回合，
计时 10 分钟

2

世界咖啡汇谈的讨论题目：
你认为中国未来的创新趋
势是什么？

（讨论前请桌长简要说明第一回
合已讨论的结果）

4

桌长分享时间

请换桌（桌长不动，组
员请尽量不同）

第三回合，计时 10 分钟

3

世界咖啡汇谈的讨论题目：
你认为"互联网＋"未来会有怎
样的发展趋势？

（讨论前请桌长简要说明第一、二回合已
讨论的结果）

6
创新技法之组织执行

6.1 盈利模式的思考

6.2 愿景目标与战略创新

6.3 创新团队的领导

创造力到底意味着什么？
是对创意、构想的实施还是那些原创思想本身？
为什么我们总是觉得缺少创新？
是创造力真的枯萎了还是因为缺少将创意变为现实的习惯和能力？

假设你认识两位画家。一位告诉了你他的绝妙构思，却没有动笔去画；而另一位拥有同样的构思，而且把它画了出来。你显然会说后者才是富有创造力的伟大画家。但对于前者，你也会做出同样的评价吗？显然不会。你只能说他是个大"话"家。

一个伟大的新创意很有可能在企业里被尘封多年，这倒不是因为人们没有认识到它的好处，而是因为没有人负责把创意从口头落实到行动。通常，企业所欠缺的并不是能够形成构想的创造力，而是能够付诸行动的创新，也就是实现创意。

哈佛商学院资深教授西奥多·莱维特（Theodore Levitt)(1925-2006)）作为最早提出全球化概念的人，他一再提醒企业：创造力并不能点石成金，那些为了创新而创新的"头脑风暴"其实是没有意义的，**真正的创新是创意加执行**!

所以说，创新不光是提出好点子，而且要彻底地执行到底，那么创意的执行需要从哪几个方面入手？首先，创意的执行需要考虑产品的盈利模式，即如何使创新带来经济效应。其次，创意的执行还要考虑到公司的愿景目标，以及战略方面的创新。最后，我们要明白创意的执行不是一个人单枪匹马就可以完成的，而是需要一个创新团队共同完成，那么如何领导这个团队使创意得到高效的执行呢？

——西奥多·莱准特

6.1 盈利模式的思考

亚马逊拥有盈利模式，却为何一直亏损？

2013年亚马逊发布的财报显示，该公司连续出现两个季度亏损。不过，亚马逊股价并没有出现下滑。相反，投资者反倒将这家公司股价推至新高，有些分析师更是给出了400美元以上的目标价。

这就很奇怪，亚马逊因为没有盈利却获得了市场的"嘉奖"。Twitter上有人开玩笑称亚马逊就是一个慈善机构。甚至有人质疑，亚马逊根本就不具备盈利的能力。

不过，亚马逊前高管尤金·卫却对这样的玩笑和质疑给予了回击。尤金·卫表示，亚马逊的零售业务是赚钱的，只不过整体业务是亏损的。究其原因，就是亚马逊目前正在不断增加投资，以寻找全球扩展和提升销售额的机会。

对此，尤金·卫全面、透彻地对亚马逊的业务模式做了解释。
"在我看来，一个不盈利的业务模式就是，你生产一杯柠檬水的成本为2美元，但是你却只卖1美元的价格。如果你卖2美元，你的成本只有1美元，你的业务模式就是赚钱的。接着，你就可以在全世界的街头巷尾开办柠檬水商店。而这就需要你将全部的利润进行再投资，购买卖柠檬水的摊点和建造店面的材料，并在所有街道上授权卖柠檬水。对你来说，这种商业模式绝不是慈善机构，你最终获得的利润将是巨大的。"

简而言之，亚马逊是一个盈利的业务模式，这家公司知道如何去赚钱。现在，亚马逊正在做成本较大的投资，力图创造更为赚钱、市场更大的业务。

尤金·卫对亚马逊业务模式的解释可以概括为以下几点：
（1）亚马逊业务模式可以用两句话来概括："亚马逊是一个典型的固定成本业务模式，它使用互联网来最大化利用其固定成本。一旦它获得足够多的销售量，且这些销售额带来的利润超过了其固定成本，它就会开始盈利。在过去，亚马逊已经越过了这个障碍。"
（2）亚马逊大多数零售业务是赚钱的，只有少数零售业务是亏钱的。
（3）亚马逊作为一个平台，是非常赚钱的。许多人和公司都在亚马逊上买卖东西。作为平台，亚马逊的成本很低。
（4）亚马逊目前是亏钱的，因为它正在进行疯狂的投资，来拉开与竞争者的距离。亚马逊已发现，便宜、快速的配送可以拉动销售额的增长。因此，它正在通过投资来将这种可能性变成现实。
（5）如果亚马逊停止投资，就会立刻盈利。尤金·卫表示，亚马逊完全可以从所有交易中获得利润。它出现季度亏损，是因为它大规模的投资所致。很多人认为，当亚马逊在电商领域建立起寡头地位，并开始提高价格，亚马逊将最终盈利。这种观点是错误的，因为亚马逊只需要停止投资，就可以盈利。

（资料来源：http://money.163.com/13/1104/08/9CQRTOAS00253G87.html）

小组讨论 1

你认为盈利模式是什么？

小组讨论 2

亚马逊的盈利模式是什么？

知识点 1　什么是"盈利模式"

盈利模式，通俗的理解就是企业赚钱的渠道，通过怎样的模式和渠道来赚钱。但是我们不能这样简单地理解盈利模式的内涵。因为你如果要理解盈利模式，应该去试着理解盈利模式每个字所蕴含的意义。

"盈"，在《说文解字》里面释义为"满器也"，在这里我们对"盈"字的理解应该为超出。那超出什么呢？当然是超出成本。风投一般都会问你的盈利模式是什么，那他们的意思只是问一下你如何赚钱吗？事实应该不是这样。背后隐含的信息是你要如何去赚到超出企业成本的钱，怎么赚更多的钱。

"利"，在这里我们可以理解为利益。为什么在这里我们不把"利"字等同于"钱"呢？因为有时候，我们并不知道我们所得到的"利益"究竟该如何去生钱，比如一开始腾讯并没有通过 QQ 赚到钱，但是这个时候，腾讯获取了利益没有呢？显然，它获取了大量用户以及用户黏度。正是由于这个原因，所以很多企业现在都努力去争取用户，只要用户量够大，就一定会想到赚钱的方法。那为什么会出现这种情况呢，就是企业家并没有思考盈利的"利"究竟代表什么，如果你只是将它等同于钱，那么你的思维肯定会被束缚住。

企业可能不会向用户收取费用，但是企业必须要从用户那里得到一些"东西"。"东西"大致可以分为三类：一种是有形的东西（传统行业），一种是无形的东西（互联网行业），还有一种是未知的东西。在这里，未知的东西指的是一种新的产品或服务在市场中出现了，但企业此时并不清楚如何从其中找到可以使得企业借此来盈利的地方。

"模"，表明其有一种逻辑结构，这应该是一种已经经过验证并且可行的套路或者是一种虽然新颖但却完全合理并可行的想法。

"式"，我们可以将其理解为方法。

盈利模式的经济学解释是指企业的收支来源和相应的收支方式。

所谓收支来源，包括收入来自（或者成本支付给）哪些利益相关者、哪些产品或者服务（或者哪些业务）、哪些资源能力等。

所谓收支方式通俗的理解就是你收钱的方式（具体方式见后文）。

知识点 2　盈利模式的五种收钱方式

在设计盈利模式时，很重要的一件事，就是设计你收钱的方式。我们把它形象地分为五种：进场费、过路费、停车费、油费、分享费。我们用买一辆车之后所产生的费用，来比喻这一组收支方式。下面是你买一辆车可能会产生的几类费用：

第一类是按照"消费资格"来计费的，类似于商场的"进场费"，只有交纳了这笔费用，才有资格或者才能被允许使用车辆，比如买车的费用、交强险等。

第二类是按照使用的"次数"计费的，如过路费（某市对外地牌照的小型机动车每通过一次收取 10 元）。

第三类是按照使用的"时间段"计费的，比如"停车费"（某市有些停车场每小时收费 5 元）。

第四类是按照"价值"收费的，这个例子里，勉强可以对比的就是"油费"，一辆车的汽油用量和行驶的里程数（即价值）成正比。

第五类是，还有把产品的"价值创造"作为计价方式的，不妨称为"分享费"。最直观的例子就是加盟费。如肯德基总部为加盟商提供了一个赚钱工具——肯德基加盟店，那么加盟商在利用这套体系赚钱时，就要支付一定的加盟费，还有收入的分成。

进场费、过路费、停车费、油费、分享费，这五种盈利模式具有普遍的应用意义。表 6-1 是一些类似的范例。

表 6-1　进场费、过路费、停车费、油费、分享费范例

类别	计价方式	范例
进场费	消费资格	会员费、订阅费用、自助餐、一次性消费
过路费	消费次数	搜索广告按点击次数收费、健身卡按次数收费、投币洗衣机
停车费	消费时长	网络游戏按在线时长收费、手机通话按时长收费
油费	消费价值	按成本定价收费、网络游戏销售道具、计件定价
分享费	价值增值	加盟费、投资基金

案例　一个淘宝，多种收费

风头正劲的淘宝网为消费者提供了海量的商品销售平台，更为许多个人创业者创造了梦寐以求的创业平台。在淘宝上只需要实名认证便可实现自主开店。从发布商品到店铺装修再到发货管理，淘宝为店家提供了许多免费模板。对于开店新手，淘宝甚至提供免费的教学幻灯片来指导店家进行店铺设计和管理。

那淘宝是如何赚钱的呢？单就店家而言，淘宝在基础服务上还提供各种增值或者高级服务，并通过不同的收费方式来获取利益。

认证后的店家若想发布全新宝贝需要交纳一笔保证金，作为新品发布的进场费，如若在经营期间出现违规现象该笔保证金将被酌情扣除并会被要求及时进行补充，当店家结束经营时淘宝会将剩余的保证金归还给店家。

发布完宝贝之后，店家需要对店铺进行进一步的完善和美化。免费的基础模板大多非常简洁和单调。店家若想让自己的店铺美美的，以吸引更多的买家，就可以考虑购买绚丽的店铺装修模板或者配件。这些装修模板和配件一般以月或者年计费。

店铺装修好后，为了推广自己的店铺或者商品，店家可以向淘宝购买广告位。广告位的收费大多以时长计算，广告位使用时间越长收费也就越高。

成功实现销售后店家进行收账和转账，当转账金额达到一定额度，淘宝将向店家收取一定的手续费。

除此之外，淘宝还会组建各种商户联盟并不定期地发起特别活动，有兴趣的店家可以加入自己相对应的联盟以分享基于联盟效应所带来的收益，当然联盟的加入也是需要交纳费用的。

对于一个淘宝平台来说，有针对一次性资格的进场费，有针对时间长短的店铺装修费、广告费，还有转账手续费、联盟加入费用等，真正做到了"一个业务、多元盈利"。

进场费

进场费，顾名思义授予了消费者某种资格，通过支付进场费获得了某种权利，如会员费、订阅费、自助餐费、一次性销售等。会员通过支付会员费获得参加某个活动或者享受某项服务的权利；订阅费更是如此，通过订阅某一数据库获得在规定时间内无限次使用该数据库的权利；而自助餐就最直白不过了，大家常说的"扶墙进、扶墙出"无非就是想充分利用这无限畅饮的机会，把付出去的餐费吃回来。

停车费

停车费是以消费时长为计算依据向消费者收取的一种费用。如最常见的话费就是按照通话时长来计费的，除此之外按在线时长收费的网络游戏也是采用停车费这一计费方式。

过路费

过路费则依据消费次数而定，消费的次数越多收取的费用也就越多。如按点击数收费的搜索广告、按健身次数收费的健身卡以及投币洗衣机。

油费

油费则是根据其为消费者提供的价值多少来确定的。如按成本定价、网络游戏销售道具、计件定价都是向消费者收取油费的具体形式。

分享费

分享费要属于这几种收费方式中最为新颖和高级的一种了，它以价值创造为基础向消费者收取费用。具体的实施案例有加盟费以及投资基金等，消费者通过支付分享费来分享某一项目实施后所创造出来的价值。

案例 7-11 通过换牌分享便利店收益

最近几年，7-11 收编了很多社区夫妻店，这就是 7-11 有名的"业务转换加盟"计划。

按说，自己当老板，又自在又有成就感，加盟 7-11 要交纳加盟费还不自由，社区夫妻店的店主应该不会考虑跟 7-11 合作才对。

那事实上为什么又愿意合作呢？就因为在 7-11 的供应体系、后台系统一整套连锁经营体系支持下，这些夫妻店能够获得更高的盈利，同时也省却了采购、物流等一系列负担，何乐而不为？据一位美国的加盟夫妻店主介绍："7-11 的标志刚刚竖起，店内的销售额就翻番了。之前，一个月的销售额为 7 万美元，而现在却达到了 16 万美元。"

7-11 主要获得的是分成的收益：总部将毛利额的 57% 分给 24 小时营业的分支店（16 小时营业的为 55%），其余为总部所得。商店开业 5 年后，根据经营的实际情况，还可按成绩增加 1%～3%，对分支店实行奖励。在万一毛利达不到预定计划的情况下，分支店可以被保证得到一个最低限度的毛利额，保证其收入。

7-11 从"业务转换加盟"计划中获利颇多：在美国，短短五年时间就有 196 家零售店转型投身 7-11 大军，并且还有继续壮大的趋势。接下来几年，7-11 的目标是通过"业务转换加盟"计划新增的店面达到新店增长构成的 60%。

知识点 3 如何设计盈利模式？

盈利模式的设计重在解决如何让自己获利的问题。你是怎么赚钱的、是向谁收费、怎么收费、收多少的问题，回答了在整个价值链中为获取价值，你都做了些什么，你是怎么做的等问题。

具体来讲，盈利模式设计主要回答以下六个问题：

✓ 你向谁收钱（客户是谁的问题）？
✓ 你拿什么去向别人收钱，你为客户创造了什么价值（产品服务设计的问题）？
✓ 你能收多少钱（市场有多大的问题）？
✓ 你能收多久（市场生命周期的问题）？
✓ 你的成本是多少（投资成本核算问题）？
✓ 去除成本你的利润是多少（投资回报问题）？

什么是一个好的盈利模式？根据前面要回答的六个问题，如果在盈利模式里能够做到以下六方面，那么你的盈利模式就是好的。

✓ 有明确的客户群；
✓ 切切实实为客户创造新价值；
✓ 市场足够大，有足够多的客户群；
✓ 市场生命周期处在成长期，而非衰退期；
✓ 成本优势，具备相对的价格竞争优势；
✓ 高利润保障，具备较高的投资回报。

衡量标准一：是否创造了新的交易价值？

任何一种盈利模式，或者说任何一种收支方式，都是有成本的。我们经常会看到一些很会赚钱的企业，它所采用的新的盈利模式，明显比原先的模式要求更高的成本，那么，很有可能是因为它创造了新的交易价值。

案例：通用电气重构盈利模式

近年来，很多制造企业都纷纷转型，从原来的价差一次性销售，变成多次性收服务费，虽然承担的成本提高了，但相应地，赚取的新价值更高。通用电气 GE 无疑是其中的佼佼者。

以发动机为例，通用电气把卖机器，变为卖运行时间，实现从制造到服务的华丽转身。

在以往，通用电气的发动机靠两方面盈利：一次性销售利润，五年后大修的维修费用。

前者占大头，但由于一次性费用太高，经常受到飞机制造商的压价，利润空间日趋缩小；后者则经常遭遇独立发动机维修商抢生意，这些维修商不需要承担一次生产投入的资金压力，却能够凭借维修经验蚕食通用电气的维修市场，实现轻资产运营。

在前有狼后有虎的夹击下，通用电气痛定思痛，重构了商业模式。

第一步，就是兼并收购独立的发动机维修商，消灭了有隐患的外部利益相关者。

第二步，则是转换了盈利模式，变一次性的"进场费"为按时间收费的"停车费"。这就是闻名遐迩的"PBTH 包修服务"（Power by the Hour）：通用电气并不出售发动机，而只是销售发动机的运行时间，它保证发动机在这段时间正常运行。至于发动机、配件以及维修服务，一概不需客户操心。这样一来，飞机制造商的一次性支付门槛下降，压价程度自然下降。通用电气的两方面压力都得到解决。

跟一次性销售相比，按时间服务收费，通用电气需要承担的风险无疑更大，其背后需要投入的成本也更高，那为什么通用电气仍然愿意转换商业模式呢？

理由很简单，同样一台发动机，产生的价值可以是不同的。

跟飞机制造商相比，通用电气更了解其发动机。换言之，同样一台发动机，通用电气能够使其运行的时间更长，保养的成本却更低，从而可持续产生的价值更高。新产生的价值，除了一部分跟飞机制造商共享，通用电气还有额外的盈利。

　　一般来说，对同一个项目，评估一项交易对客户的价值，需要相应资源能力的支撑。越能精确地评估这些价值，企业能够获取的交易价值就越高。

　　而一次性消费资格定价（进场费）、按次数定价（过路费）、按时间定价（停车费）、按消费价值定价（油费）、按价值创造定价（分享费）等评估方式在效果上越来越精细，对企业资源能力的要求也越来越高。

　　如果企业的资源能力足够强，就可以考虑采取按价值定价，这样产生的交易价值最大；反之，则要考虑其它盈利模式。

　　假如，通用电气在运营发动机方面，没有比飞机制造商具备更为强劲的资源能力，则按时间收费的盈利模式将很难创造新的交易价值。那样的话，跟一次性销售的进场费相比，PBTH包修服务这种成本更高的盈利模式将得不偿失，也不可能产生。

衡量标准二：是否降低了交易成本？

在进场费、过路费、停车费、油费和分享费这五项里面，交易成本最低的无疑是进场费。有很多原本采取后四种盈利模式的企业，后来退化成进场费，就有这样的考虑在内。

案例1：按消费量收费改为一次性收费

深圳某个社区新开了一家"涮涮锅"餐厅，里面有两条流水转盘，有点类似于日本的回转寿司。每个顾客都有一口小锅，可以从流水转盘上拿下不同颜色的碟子，每个颜色代表不同的价格。

这种盈利模式无疑是"油费"——按消费者的消费价值收费。这意味着，这家饭店需要盘点每位消费者的消费量，而这是需要付出执行成本的。

过了一段时间之后，这家餐厅转型了，变成了自助餐模式——不管消费多少，每位都是48元。盈利模式已经变成一次性的"进场费"了。

原来，经过测算，自助餐模式虽然可能遭遇消费者大吃特吃，但降低了人员投入，店面上的人工减少了超过一半。相比之下，后者的节省超过前者的损失，两害相较取其轻，于是觉得自助餐模式更容易管理一些。

改为自助餐模式后，餐厅做出了一些调整来提高顾客浪费的成本，比如每个盘子的供应量有所下降，通过增加顾客取盘子的次数来避免浪费。

对同个项目而言，不同的盈利模式需要付出的交易成本不同。按次数定价，要测算客户的使用次数；按时间定价，要测量客户的使用时间；按价值定价，要了解客户所得到的价值；等等，这都要付出额外的交易成本。

因此，一般来说，一次性定价，还是按次数、按时间、按价值定价，它们的交易成本是依次递增的，交易价值也是依次递增的。

如果这些额外的交易成本难以在交易价值上得到补偿，那么，简单的一次性"进场费"就是合适的；如果新增加的交易成本能够得到补偿，则应该考虑采取交易价值更高的盈利模式。

案例 2：富士施乐（中国）交易成本的提高低于交易价值的提升

富士施乐（中国）采取的正是这种盈利模式。它将数码印刷产品租给数量繁多的数码快印店使用，租赁时间非常灵活，可以是一年、三年，甚至五年，设备价格从几十万元到几百万元不等。这些快印店除了要每年支付相当于产品价格 20% 以上的本金和利息外，还要根据印制的张数支付维修服务、配件、耗材等费用。例如，复印一张彩色纸需要交给施乐 7 ~ 8 角的服务费。

那么，富士施乐怎么知道快印店复印了多少纸张呢？奥秘就在于复印机里面的计数器。为了保证计数器的正常使用，它每隔一段时间就要派维护人员上门服务，检查计数器并提供相应的维修服务。这带来的交易成本无疑是巨大的，对它来说，保证其计数器的技术机密不外泄，维持这个成本高昂的交易并不容易。

问题的关键就在于，要使交易成立，富士施乐必须了解快印店复印了多少张（即创造的价值），而快印店本身并没有意愿去透露这个信息。

信息不对称提高了执行成本。而在高交易成本下，富士施乐仍然选择这种盈利模式，只能说明交易成本的提高低于交易价值的提升，富士施乐有利可图。

事实上，很多本来打算按照"分享费"收取的盈利模式之所以落空，就是由于交易成本太大。

案例 3：咨询公司按其咨询项目为企业客户所创造的价值分成收费

有过一些咨询公司想按照其咨询项目为企业客户所创造的价值进行分成收费，但是一个企业的销售额增长、利润增长受影响的因素何其多，要确定该咨询项目在这里面具体起到了多大的作用是很困难的。

因此，咨询公司大多退而求其次，按照交易价值不那么高，但交易成本低得多的停车费（消费时长）计价。例如，国内咨询公司一般是按照投入项目的人数和时间对客户要价的，如每人每月 6 万元。

衡量标准三：是否降低了交易风险？

对企业来说，选择不同收支方式的风险各有不同。如果选择进场费，收入较为稳定，但空间有限；如果选择停车费，可能收入空间较大，但上下波动的幅度太大，有时候停车位满了，有时候却空空如也。

对于企业不同的盈利模式，消费者的反应也不同，不同的收费方式也会有各自的风险。

如果是进场费，可能会过度消费。"扶着墙进，扶着墙出"不就是很多自助餐的写照吗？而如果是停车费，则可能导致消费不足或者消费行为被扭曲。在某些第一个小时免费，第二个小时以后收费的停车场，不乏每隔一个小时开车出去再回来的例子。

而这些无疑都会增加交易成本或者降低交易价值，从而违反盈利模式设计者的初衷，这就要求企业要有先见之明，提前为风险做好准备。为了降低这种风险，企业会设置一些配套的措施。

案例1：

在很多自助餐饭店，一般都会对高价格的食物限量供应或者在专门的柜台供应，造成稀缺，让消费者排队等待，每次只能拿到有限的量，提高消费者的时间成本，从而降低过度消费的浪费成本。

案例2：

农民从企业处租土地进行种植，然后以农产品的价值为准，向企业交纳租金。此时，现金交易是一种巨大的风险，收到假币还是小事，更大的风险在于很多交易人员携款潜逃。于是，按照实际价值定价的方式，近年来转化成按照耕种面积收费。虽然收的款项可能降低了，但是按照耕种面积可以收取固定的金额，让农户直接到企业缴费或电子缴费，消除了人接触现金的风险。

另外，由于技术的发展，原先的风险可能不复存在，这就可能使原本风险高的盈利模式重新出现。

案例3：

在"深圳农产品"的交易平台上，由于交易的都是大宗农产品，交易双方都是大企业，而且都是通过电子秤、缴费卡电子交易，有效地消除了现金交易的风险，从而为"深圳农产品"采取"按照交易金额抽取佣金"的盈利模式创造了条件。

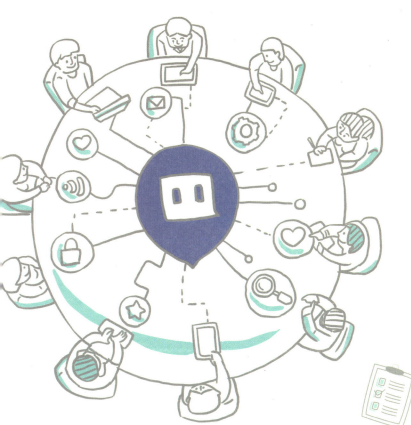

课堂演练 以微信为例，试着分析其盈利模式，回答以下六个问题

√ 产品的用户是谁？

√ 产品为客户创造了什么价值？

√ 产品的市场有多大？

√ 产品的市场生命周期是否处在成长期？

√ 产品的成本是多少？

√ 去除成本产品的利润是多少？

6.2　愿景目标与战略创新

引导案例 **名企三大年度战略创新**

腾讯：开放平台战略

主要创新点：基于"顾客资产"的平台战略，创造"共享"价值，做互联网企业的"水和电"。

核心逻辑：

开放7亿多用户，供第三方接入，腾讯客户流量给第三方带来生意，腾讯参与利润分成。腾讯正转化为中国互联网企业的"水和电"，用马化腾的话来讲："腾讯过去的梦想是打造一站式互联网平台，现在是打造开放共享的互联网新生态，不再复制新兴公司，做'创业者公敌'"。

创新概述：

"3Q大战"之后，腾讯彻底反思，决定寻求一条既能抓住互联网机会，又在整个行业生态链产生共赢效果的战略。2011年，腾讯引进内外部专家，讨论并确定开放平台战略，将腾讯利润扩展放在"深化现有客户资产"——而非过去的做广新兴业务上。腾讯利用7亿多用户，与第三方建立合作、共享、分成平台，提出"一站式接入、多平台发布"的承诺，整合包括朋友网、腾讯微博、QQ游戏、QQ空间以及Q+在内的五大核心平台，发布跨平台应用中心，在用户、技术和经验上为第三方应用开发者提供强力支持。

腾讯的开放平台拥有四大优势：

第一是流量。

第二是用户账户资源可用于"连接空间"等服务，可用QQ账户登录不同网站，这会给合作伙伴带来大量用户。

第三是社交网络使信息可以多次传播，为合作伙伴提供额外的影响力。

第四是腾讯能为收费应用提供更好的收入机制。

腾讯开放平台的"跨平台一体化"机制不仅能大大提升用户对应用的黏性和好感度，还可带来大量新增用户，更有利于增强应用的综合实力和商业价值。2011年10月，腾讯开放平台推出社交广告系统，开启了开发商自助营销时代，社交广告上线仅3个月，即为电商创造了上亿元的月度销售额。

小米手机：用社交网络逻辑做手机

主要创新点：

产品研发到销售全程与社交媒体紧密结合，用低成本营销建立品牌。

核心逻辑：

用移动互联网玩法做手机，实现战略差异化，小米利用社交媒体与受众和粉丝互动，采用"众包"模式进行产品研发，通过高调的网络营销和饥饿营销等手段给自己造势。

创新概述：

传统手机品牌做到几十亿元规模，大概要用十年时间，小米手机仅用半年，从无到有异军突起，取得阶段性成功。首先，小米利用社交媒体颠覆了传统市场调研流程。2010 年研发 MIUI 操作系统时，通过与小米论坛的粉丝互动收集意见，快速更新版本做出产品改进。小米手机的研发也延续这一"众包"模式，通过低价销售工程机给论坛资深米粉，收集改进建议，尽可能多地将问题暴露在上游，产品研发过程也变成了营销的过程，培养一群小米手机铁杆用户，他们成为日后小米手机口碑传播的意见领袖。产品上市后，小米通过论坛和小米社区交流使用心得、发布信息，举办各城市小米之家活动,提高用户黏性,培养了大批忠实用户。

小米从高层到客服不断使用社交媒体制造话题，推动舆论的发展。雷军、黎万强在媒体上密集曝光，在微博上频繁发布信息，回复用户问题。官方微博除了发布信息和定期举办活动外，本质上自我定义为"客服"，这个团队有几十个人。小米手机的销售完全在线上完成，"预售—获得订单—生产—配送"的模式，使小米手机可以直接了解用户市场需求，从而按需定制，对供应链进行提前的规划和准备，大大减少库存和供应链风险。饥饿营销使得每一次的预售和发货都是一次性话题事件，间接保持了小米手机的热度。

引导案例

十月妈咪：跨位战略获 "蓝海"

主要创新点：

跨位思维抓住价值链关键点：产品设计研发、渠道、品牌，将其他环节外包，形成弹性极高的 "哑铃形企业"。

核心逻辑：

找到孕妇装行业 "痛点" ——无个性、缺乏展示性的特质，将时装行业与孕妇装行业结合，形成独特的风格，通过立体的、有趣的营销和传播，快速精准抓住目标消费者，牢牢占据品类冠军。

创新概述：

如何将传统孕妇装市场扩充成一片蓝海？十月妈咪改变传统女装的保守、无个性形象，参照最前沿的时装设计秀场，将两者用 "跨位" 的方式组织、拼合，形成 "时装型的孕妇服饰" 定位，色彩上加入红、黄、绿等亮丽色彩，突破以往只注重功能，不注重符号的特点，将中高收入人群从孕妇市场中切割出来，形成自己的 "奶油市场"。这种 "孕妇时装" 概念流行，让原来的一个客户单件销售，变成了多件销售。在传播上，充分利用新媒体营销，除传统地铁广告外，更多利用 APP 营销、Flash 歌曲、微博，自办刊物《十月妈咪驾到》，9 个月就卖了 4 万本。在渠道上，十月妈咪覆盖了加盟商、淘宝商城和直营店，线上线下一起互动，2011 年电子渠道的销售额就达到 7000 万元。

小组讨论

1 新战略如何让腾讯避免做"创业者公敌"？

2 小米手机如何迅速崛起并能持久火爆？

3 新锐公司十月妈咪如何找到新"蓝海"？

4 通过剖析，看看他们如何通过战略创新"重塑未来"。

知识点1 企业的愿景、使命和目标

"愿景"一词源自英文"Vision",广泛地被用于社会、政治、经济领域等语境之中,企业愿景是企业战略家对企业的前景和发展方向一个高度概括的描述,指企业的长期愿望及未来状况、企业发展的蓝图,体现了企业永恒的追求。它是一种梦想,可以通过长期的努力最终变成现实;它是一种信念,可以强化和改善人们对组织的承诺和责任感。制定愿景就是为了解决这样一个基本问题: "我们要成为什么样的企业?"

德鲁克认为企业要思考如下三个问题:

我们的企业是什么?
我们的企业将是什么?
我们的企业应该是什么?

为了凝聚组织各部门的共识,高层管理者应提出一个清晰的愿景,以鼓舞性的文字指出组织未来的方向,以及所要追求的理想。例如,美国迪士尼乐园的愿景陈述是"迪士尼乐园是一个带给大家欢乐的园地,不论老少都能共同体验生命之奇与探索之趣,并因此更能感受人生美好之处",可口可乐公司的愿景是"将可口可乐放在全世界每一位消费者唾手可得之处",沃尔玛的愿景是"给普通人提供和富人一样的购物机会"。

有了愿景之后,接着要把它转化成组织的明确使命。德鲁克说: "一个企业不是由它的名字、章程和公司的条例来定义的,而是由它的使命来定义的。企业只有具备了明确的使命和目的,才可能制定明确和现实的企业目标。"无论是对于一个刚刚创立的企业,还是对一个已经确立起来的历史久远的、有多种经营业务的联合公司来说,在制定企业战略之前首先应该弄清楚企业的使命。组织使命应当具体并且可以达成,避免让员工和社会大众觉得遥不可及;此外,使命还应该是令人鼓舞的和独特的,让员工感受到他们是一个有价值、独特的群体之一员,以调动工作的积极性。

接着,在组织使命的引导下,还要设定具体的战略目标。组织目标应该能衡量组织达成其使命的程度,常用的指标包括财务绩效、顾客满意度、创新、服务品质、员工满意度等。组织目标应力求具体,并尽可能以数字来衡量。

知识点 2　战略创新

"没有战略的企业，就像没有舵的航船一样只会在原地转圈，就像流浪汉一样无家可归。"——乔尔·罗斯

1. 战略创新的三个问题

谁是你的客户？

你能向客户提供什么价值？

你怎样传递这种价值？

　　如今，公司的管理者们发现自己要不停地改变战略，竞争对手们不断地效仿别人的竞争优势，仔细看看下列著名的公司对此如何应对——从根本上重新定义客户，重新定义他们所能提供的价值以及传递价值的方式，通过战略创新。

案例1：

　　20世纪90年代中期，通用汽车公司推出了新的业务单元——OnStar，它将信息、安全和通信技术系统一体化后，用在了通用的一些汽车上。这个服务系统的功能比较广泛：发生车祸的时候，系统会自动启动紧急服务。开车的人可以随时使用手机免提功能，通过内嵌集成图示和卫星定位系统搜寻方向，联系车载移动互联网络服务中心请求紧急救援，追踪丢失的车辆，遥控锁车，或获取各种各样方便的服务，如预定或找寻附近的餐馆等。

案例2：

　　2001年，宝洁公司成立了Tremor公司，提供一种新的市场服务。它寻求更有效的市场手段来推销自己的产品，通过系统化的方式进行试验，从而创造了口碑营销法。公司从一群青少年中筛选出口才拔尖者，在某种程度上基于他们对网络的使用，然后鼓励这些年轻人试用产品，与朋友进行交流，并向有趣的人分发换购券和样品。两年内，宝洁公司建立起了一支由20多万青少年组成的市场营销队伍。当宝洁公司意识到可以向其他公司收取网络登录费用时，Tremor公司应运而生。

2. 战略创新的思考

在谈及创新时,大家往往把它想作灵光一现的偶发事件,然而对组织来说,需要的是在系统的方法论指 导下一步步达成创新。以下将从 5 个不同的视角,系统地思考战略创新。

	习惯思维	创新思维	战略思维的新问题
对象	主流客户	非客户	如何把非客户转变为客户?
方向	当前价值链	未来的价值链	今后 5 ~ 10 年,行业的价值链会发生哪些变化?价值链的价值会如何转移?
轨迹	追求卓越	寻求颠覆	如何彻底打破现有的模式,用更优秀的产品和服务满足消费者的同一需求?
形式	性能	价值	如何实现价值而不是性能的最大化?
视野	自主	开放	如何构造一个创新生态系统?

2.1 创新的对象：把非客户变成客户

传统的商业思维认为，企业需要挖掘出目标人群的独特需求，提供满足目标人群的产品和服务，由此实现利润最大化。而为了在需求日趋同质化的客户中甄别出自己的客户群，企业通常会根据年龄、性别、收入、地理位置、职业等因素对客户进行划分，从而找到自己的细分市场。这种理念主要是基于一种假设，即公司只能专注在目标客户的特定需求上，才能更好地理解他们的需求并提供最好的服务。专注于特定的用户群及其特定需求上固然没有错，但这样做会出现两个弊端：

（1）同行之间的战略趋同：各个厂家所强调的性能多为相似的或可模仿的，导致创新的折旧率加快，创新所实现的价值日渐缩小。

（2）忽视了非用户：这点更为重要，因为非用户的数量往往远大于目标客户。如果能够甄别并吸引非用户，寻找各类非用户的需求共性，然后通过共性的最大化将他们变成自己的用户，带来的效益将远远大于仅为已有的客户提供服务。

事实上，对主流客户的市场调查经常是不可信的。一方面，客户不知道他所不知道的。在福特没有发明汽车以前，如果去问老百姓："你对交通工具有什么要求？""你希望坐什么出行？"老百姓一定会说："要跑得更快的马车！"如果福特说："那我就尽可能去满足消费者的要求吧！"那他永远发明不了汽车。

另一方面，主流客户对产品的使用会形成习惯，长此以往，会把不习惯变成习惯。例如，厨房用具厂商如果想要创新，就不应调查作为主流客户的女性，因为女性在厨房作业已经形成了习惯。要创新，就要调查厨房外的男性，从旁观者的角度来看，厨房的问题才容易暴露出来。当我们从判断谁是我们的用户到分析谁不是我们的用户时，市场的空间就被撑开了。

与传统战略不同，战略创新者在满足目标客户需求的同时，也非常关注"非客户"（他们可能是出于价格或缺乏相应的专业技能等原因，而无法使用其产品或服务），从而为企业开辟全新的扩展空间。综观商界，这类从非客户身上找到"蓝海"的案例比比皆是。

案例1：

2006 年 11 月，任天堂（Nintendo）发布 Wii，凭借与竞争对手截然不同的游戏理念，创下视频游戏机销售速度最快的纪录，一举打破与索尼（Sony）、微软（Microsoft）平分秋色的格局。

对于视频游戏公司来说，铁杆的消费者就是渴望在游戏里寻求梦幻体验的年轻人。为此，游戏机制造公司无不竭力提供更快的 CPU 和图形处理器，以支持那些有身临其境之感的复杂游戏。任天堂的做法则颠覆了"传统思路"（也就是从特定的目标人群上挖取最大利润），转而强调各个用户群体之间的共同需求。它特别锁定那些非游戏玩家，如老年人、妇女、家庭用户以及其他为铁杆游戏迷所不屑的用户，寻找他们对视频游戏的共同需求。由此，任天堂打破了游戏机革新和芯片之间的特有联系，让 Wii 成为一种家庭的、集体的、社会性的娱乐项目，而不再只是游戏发烧友的专利。

案例2：

佳能在思考如何从复印机市场中占据份额的时候，首先对施乐产品进行了研究：不光走访施乐的用户，了解他们对现有产品不满意的地方；同时也走访没有买过施乐复印机的企业，寻找其没有买的原因。对佳能来说，找出施乐产品的不尽如人意之处，便意味着机会。

最后，佳能发现，施乐的大型复印机造价昂贵，一家公司多半只能拥有一台，使用上相当不便利。于是，佳能根据这些不足之处所反映出来的需求缺口，给出了自己的解决方案：设计一个小型复印机，造价降低 10 倍、20 倍；简单易用，每个办公室甚至个人都可以拥有一台。

当 IBM、柯达试图向施乐发起挑战时（IBM 和柯达分别于 1970 年和 1975 年推出复印机），都采用了相同或相似的战略定位来争夺相同或相似的细分市场，这种克隆战略因其趋同性必然失败。反观佳能，则将目光从大企业用户身上移开，选择中小型企业和个人用户作为目标市场，强调不同于施乐的质量和价格利益，不断渗透复印机市场，最终发展成为全球销量最大的市场领先者。

2.2 创新的方向：着眼当下还是着眼未来？

回头看诺基亚（Nokia），在苹果（Apple）的 iPhone 横空出世之前，该公司只是每年根据不同的细分市场会推出几十款手机。不能说诺基亚没有创新，但为什么这些创新没有带来对等的回报？

根据科技公司 iSuppli 的拆解，一款售价 600 美元的 iPhone4 的制造成本大约 188 美元，来自韩国、美国、德国的芯片供应商，拿走了其中 40% 的价值；负责最后组装的富士康，只得到 6.54 美元，还不到总成本的 4%。

如果对整个行业的产业链做价值分解，从最初的原材料供应商到品牌，我们会发现：价值的分配在不同价值链之间是不对等的。而且随着行业趋势的变化，价值会在价值链之间转移。

以 IBM 为例，早期计算机行业的产业链中，主要有操作系统、芯片、组装三个环节。过去外壳最赚钱，所以 IBM 放弃了自己的操作系统 OS/2，改做组装。随着行业的演变，操作系统的价值越来越大，硬件的价值越来越小，于是 IBM 在 1993 年将经营重点从硬件转向软件和服务——同年上任的 CEO 郭士纳则是 IBM 有史以来第一个计算机行业之外的领导。1995 年，郭士纳以 35 亿美元强行吞并 Lotus（莲花）公司，造就了软件史上最大的并购案，带领公司向软件市场发动总攻，并一举拿下企业网络场。2002 年，IBM 收购普华永道的咨询部门；2004 年，IBM 将其个人电脑业务 ThinkPad 出售给联想。

纵观 IBM 的企业史可以看出，这家公司的卓越和长青，与其对于行业价值分配的敏锐反应密切相关。而价值转移的共同规律在于，随着硬件越来越同质化，价值会从硬件转向软件。

手机的今天就是计算机的昨天。诺基亚的创新没有得到回报，正是因为其创新点的价值已经转移到了别处，它所下功夫的硬件，价值已经很薄了。

所有创新，首先要判断创新点有没有价值。要把创新投入价值链最有价值的环节，才能期待创新带来源源不断的利润。而价值链最有价值的环节，不是以今天的视角来看，而是要站在未来看现在。一个好的冰球运动员也许跑得够快，而一名优秀的冰球运动员则会判断冰球的下个位置。有价值的创新点就在冰球的下个位置。

2.3 创新的路径：渐进式创新还是颠覆式创新

在产品生命周期曲线上，企业大多有一种冲动，偏好将产品、服务推向"东北角"（见图6-1）。这也反映出企业传统的战略思维，习惯于围绕主流客户所珍视的性能，以对产品和服务做功能提升。

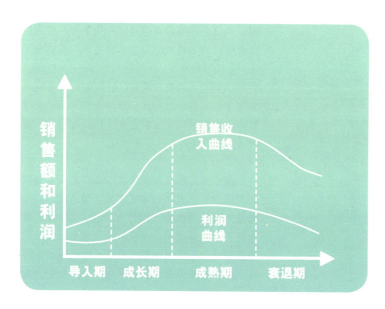

图6-1 产品生命周期曲线

如施乐，它的主流客户是大企业，所以就针对大企业对复印的需求——速度快、分页装订，不断地做产品和服务的性能提升。这样的创新即"渐进式创新"。

渐进式创新与颠覆式创新存在两个本质的区别：

（1）渐进式创新的目的在于保持既定的市场规则和模式，强化现有的市场格局和公司地位，它主要被那些行业及细分市场的主导者或既得利益者所采用。渐进式创新强调对现有产品、服务、技术及管理方式的改进，属于改良的范畴。

（2）颠覆式创新的目的则在于打破既定的规则和模式，试图推翻现有的势力平衡，改变竞争格局，以争取公司更有利的市场位置，甚至取代龙头老大的宝座。因此，颠覆性创新往往被那些有着远大抱负的后来者或者意欲强行侵入该行业的外来者所采纳。颠覆性创新一开始就是要彻底打破现有的模式，要么用更优秀的产品和服务满足消费者的同一需求，如手机短信服务让BP机最终退出了历史舞台，数码相机的出现使传统影像市场急剧萎缩；或者干脆通过挖掘、提升消费者的需求，改变消费者的需求方式从而从根本上否定原有的行业价值模式，如传真机的发明大大改变、提升了人们对通信的需求，使电报、电传逐渐走向衰亡；互联网、电子邮件的兴起也对传统邮政信件业务及贺卡行业构成了严重威胁。颠覆性创新带有革命的性质，它往往会对原有的市场模式甚至整个行业构成致命威胁，甚至可能导致一个旧行业的消失和一个新行业的诞生。

2.4 创新的形式：价值最大化而非功能最大化

在产品服务经济思维中，企业往往习惯于追求功能的最大化，最终落入盲目提升性能的陷阱，漠视了消费者的真正需求。因此，接下来要谈的是"功能"与"价值"这两个完全不同的概念：功能是围绕产品而言的，价值则是围绕用户而言的。功能的最大化不等于价值的最大化，就好像消费者关心的不是电动钻机的功能越来越厉害，而是他迫切需要在墙上钻出来的那个孔。

我们先来看一个成功的案例：

太阳马戏团（Cirque du Soleil），这个创建于 1984 年的团体，从事着已然黯淡的马戏行业。然而，近 30 年间，大约有 7000 万人观看过他们的演出，其团队规模也扩张到来自 40 多个国家的 3500 人。太阳马戏团如何改变了一个夕阳产业？其创始人兼 CEO 盖·拉里贝特（Guy Laliberte）拉过手风琴，踩过高跷，还会吞火。这个执着的民间艺术家保留了马戏行业刺激、冒险又华丽炫目的特点，同时加以重新包装，将这个古老的行业带入现代商业领域。

有别于传统马戏表演是以动物为主，太阳马戏团的演出集中在艺人身上。小丑、大力士、空中飞人轮番上场，在光怪陆离的世界中，讲述一个完整、奇幻的主题故事。他们的表演糅合了街头表演、芭蕾舞、摇滚乐等不同的艺术风格，以一场歌舞剧的形式呈现，连配乐也坚持现场演奏，因而目标客户也从单纯的小孩子，延伸到更多的成年人。

这种对所有行业内外竞争要素的重新组合，不但形成了太阳马戏团独特的价值主张，更是其商业模式创新的核心。整体而言，太阳马戏团以剧目的编排和组织为核心竞争力，而非传统马戏团所专精的动物驯养和维护；其竞争手段也从惊险的技能、谐趣的成分，转为对音乐、舞蹈、舞美元素的精致化。通过对传统马戏竞争要素的剔除、减少，并增加、创造新的竞争要素，太阳马戏团描绘出全新的价值曲线，最终改变了马戏行业的规则。

企业如何摆脱血腥竞争的束缚发现蓝海？如何成为行业规则的制定者而非遵循者？从太阳马戏团的案例中可以得到启示：要设法在行业边界之外寻找机会，从价值最大化入手而非功能最大化，发现能够代表真正的价值创新的处女地，从而甩开以往的竞争对手，使竞争成为无关因素。

2.5 创新的视野：与对手合作，营造生态圈

回到佳能和施乐的案例：

当佳能走访了复印机的主流用户与非主流用户，确定了立足市场之后，它之所以并未贸然杀入复印机市场，主要是在考虑这样一个问题：市场竞争是动态的，假如佳能立即生产出小型复印机，施乐一定会发起反击。毕竟以施乐当时在技术、品牌和渠道上的优势，要在小型复印机市场再次占据主导地位，绝非难事。因此，选定立足市场之后，佳能的下一步便是营造一种环境来保护自己。

在设计出产品之后，佳能找到日本东芝（Toshiba）、美能达（Minolta）、理光（Ricoh）等厂商，向他们讲述了小型复印机产品的概念和未来，阐述彼此合作的市场前景，同时为了保证主导地位，还建议这些厂商略去研发阶段，直接从佳能取得销售许可。最终，十来个日本厂家形成了一个联盟，共同推广分散复印的概念，市场就一下子做起来了。

这个案例说明了，未来的商业模式将是生态圈的竞争，传统商业模式拼的是企业内部的核心竞争力，能不能比别人做得更好，当上升到生态圈竞争的时候，就不是问"是否比别人玩得更好"而是问"在和谁一块儿玩"。

传统商业玩的是零和游戏（指一项游戏中，游戏者有输有赢，一方所赢正是另一方所输，而游戏的总成绩永远为零），自身的产品或服务的增值，就意味着竞争对手的损失，胜利永远只属于一方。但在行业边界越来越模糊的今天，企业需要以更宽容的心态和更宽阔的视野来看待竞争，与行业内主要竞争对手的合作，往往能开创出另一片施展拳脚的新天地。

如中国的牛奶行业，各大乳业公司视对方为主要竞争对手，在产品、市场、渠道等方面短兵相接。然而，如果考虑到中国目前人均奶制品的消费量，只相当于世界平均水平的几十分之一，各大乳业公司就应该联手培育市场，共同规范行业标准，使牛奶产业未来有更大的发展。

身处在同一行业的企业，往往怀抱着共同的理想，如果有足够的胸怀，结成联盟共同把市场做大，将最终实现行业结构的改善和共同利益的最大化。

在所有不凡的创新经历中，了不起的创意只是第一步，要打造突破性的业务要求做到忘记、借用和学习，这也是战略创新者的三个法则——新业务应该忘记令核心业务成功的东西；应该把核心业务的一些资产借为己用，这是新业务启动的最大优势；应该准备学习如何在一个已出现但前景不明确的市场中获得成功。

法则一：忘记

新业务为什么必须忘记？管理者通常会重复他们确信能带来成功的行为。如果一直成功，那么，不仅个别管理者，就连整个组织都会从有意识地重复这些行为转变为下意识把这些行动作为正确的东西接受下来。这些假设不仅很快根植于经理们的头脑中，也渗透到关系、流程和沟通方式中，给公司留下印迹。

新业务必须忘掉三件事：

第一，它必须忘记核心业务的定位。战略本身能够变成一种规范，而对于谁是我们的客户、我们提供什么样的价值、如何传递价值等一些能确定业务的基本问题的答案则成为第二本性。新业务应该拥有对这些问题做出不同回答的自由。

第二，新业务必须认识到，不同的业务模式需要不同的竞争优势。核心业务的专业领域对新业务的意义没有那么大，它必须发展新的竞争优势。

第三，新业务应该忘掉核心业务的重点，从其对现有业务模式潜力的挖掘转变到开发新市场上来。

例如，当通用汽车成立 OnStar 公司——将汽车信息、安全、通信系统一体化时，它得忘记这三件事，它需要适应新的业务模式，与汽车制造相比，通信服务市场需要极为不同的价值观和短得多的产品开发流程。它得在信息技术领域创造一种新的竞争优势，并使之在 OnStar 内部无与伦比，它还得系统化地识别和减少不确定性，而不是发掘已有业务模式的潜力。

法则二：借用

与现有公司相比，独立的新兴公司有其有利的一面。它们具备向管理团队提供巨大财富的可能性。它们经营灵活、不受官僚决策过程的制约，有时候该过程会让大公司变得衰弱。新业务只有通过借用核心业务的资产才能与独立的新兴公司进行有效的竞争。这些资产包括现有的客户关系、分销渠道、供应网络、品牌、信誉度、生产能力和各种技术专长——这些资源是新兴公司梦寐以求的。新业务如果不懂得巧妙借用资源，几乎就没有成功的机会。

需要指出的是，忘记和借用有重要的区别。新业务必须忘记假设、固有的思维方式和倾向性，必须借用资源。就是说，忘记是你的大脑应该考虑的事情，借用是以具体的价值观获得资源的使用权利。

康宁公司通过与康宁微阵列晶片科技公司（Corning Microarray Technologirs，CMT）分享其现有的生产设施，及其在微量流体精确控制生产流程的专业技能来帮助 CMT。

《纽约时报》出版公司为"数字纽约时报"的网络单元提供除报纸制作的新闻内容以外的、具有良好口碑的品牌。

法则三：学习

模拟器件公司（ADI）为战略尝试提供了它在半导体制造工艺方面的专长，使汽车碰撞传感装置这一新技术得以商业化。

除了忘记和借用，新业务还得学习。组织学习是一个广义的概念，但在战略创新的环境中它有具体所指。对新业务而言，一个学习的周期要比其他任何事情都更重要：它能提高业务业绩的预测。

一开始，这样的预测总是胡乱的猜想。例如，对三年期收入的预测通常与现实结果相去近10倍。但是随着管理团队的不断学习，胡乱的猜测会变成有的放矢的估计，有针对性的估计会变成可靠的预测。

学习很重要。预测水平提高得越快，新业务落实于有效的业务模式也越快，或者摆脱失败的尝试就越快。快速的学习可以使新业务在最短的时间实现盈利，相对减少风险，并将在竞争中最大限度地获得胜利。

新业务在学习预测业绩的过程中还可以验证哪些是有效的理论。初始的理论通常是错误的。

康宁公司预期，掌握特殊玻璃的制造流程可能是DNA缩微排列制造中最严峻的挑战之一，但它发现，更严峻的挑战其实无处不在。

数字纽约时报最初期望为新的网络媒介成立一个自成一体的、独立的新闻编辑室，但最终发现此举没有必要。

模拟器件公司期待，除了汽车碰撞传感器外，其半导体新技术将引领公司走向新市场的拓展，但实践证明，这只有在汽车市场的经济上是可行的。

这些不确定的问题解决得越快，新业务步入成功的道路也越快。

需要指出的是，疏于忘记会严重削弱学习的努力效果。如果新业务不能放手核心业务的成功之策，就无法找到自己成功的秘诀。

6.3 创新团队的领导

Nike+iPod 运动套件

iPod 和耐克鞋都不能仅仅被看作是一种创新性产品，它们都是创造了新市场的革命性产品。

将这两种创新品牌组合在一起，你可获得一种全新的产品——服务模式，即 Nike+iPod 运动套件。同时，你还能获得一种联盟式的创新团队类型。

创新之处

Nike+iPod 运动套件是一个结合了耐克鞋和 iPod Nano（MP3 播放机）的无线沟通系统。

Nike+iPod 运动套件中有一个放置在特殊人工孔内的微型传感器，与 iPod Nano 相连，可以显示时间、距离、燃烧的卡路里及步速。这些信息被储存在 iPod 内，实时地显示在屏幕上，并可通过耳机传到使用者的耳内。

在 iTunes 音乐超市（iTunes Music Store）和新建立的 nikeplus.com 个人服务网站中，这项服务是以耐克运动音乐的形式体现的。

产品服务系统将两家公司的核心竞争力结合了起来，耐克提供了运动产品技术，苹果提供了移动信息技术。这种结合也创造了一种这两个品牌都无法独立实现的产品种类。

创新团队

与任何成功的联盟一样，耐克—苹果创新团队将两家公司最优秀的人员集合到了一起。据《时代》杂志报道，耐克公司的首席营销官爱德华兹（Trevor Edwards）创建了一支团队，将来自技术、研究、鞋类设计和音乐方面的经理都集中到了一起，与苹果公司进行技术合作。

这支创新团队最大的特点是，两家公司的 CEO 一开始就深度地介入了这个项目中。《商业周刊》报道说，耐克公司的 CEO 帕克（Mark Parker）先给苹果公司的 CEO 乔布斯（Steve Jobs）打了电话，接下来，这两位 CEO 就各自做着自己的努力。

这两支团队之所以能够默契配合，基本原因是它们拥有不同的市场和使用不同的技术。

创新过程

在任何研发中，了解顾客需求都是首要工作。对于耐克公司和苹果公司来说，首先要做的是，了解已经同时在使用这两种产品的上百万消费者的情况。2006 年，已有2500 多万人购买了 iPods，在跑步时使用。

"人们不再做单纯的跑步运动了，他们伴随着音乐跑步。"耐克的全球品牌管理副总裁爱德华兹说。这两家公司有责任帮助人们听着音乐跑步，并为他们提供可能对他们有价值的信息。

创造一种联合产品的最初想法一般都来自合作的某一方，在本案例中是耐克公司。这家运动用品公司想生产一种可以为使用者提供使用信息的智能鞋子。为此，耐克向苹果公司伸出了橄榄枝，据说这两支团队很快产生了共鸣。

然而，产品并没有立刻"产生共鸣"。与创新过程中经常发生的情况一样，最初的尝试总是不成功的。在设计出符合两家公司标准的传感器之前，团队经过了很多次尝试。

当两种企业文化遭遇时，对任何联盟来说，防止文化冲突都是一件需要智慧的事。苹果是臭名昭著的潜行者，耐克则要光明正大得多。为了保守产品秘密，耐克不得不让路给苹果文化，对公众保持神秘感。

苹果则允许耐克在另一领域主导方向，即数字内容领域。跑步者可以获得鞋子生成的许多数据了。团队还创建了网站——nikeplus.com，跑步者可向网站上传数据，与其他跑步者进行比较。

经过 18 个月的联合开发，帕克和乔布斯公布了这个联盟创造的成果：Nike+iPod 运动套件。

品牌学院(Brand Institute)的院长及CEO 德托(James Dettore) 表示，两个市场的领导者联合起来，展示出了这种先进的创新性思想，真是"天才一击"。他告诉《苹果新闻世界》(Mac News World)："这是向这个最大的消费品领域（鞋类产品）的一种自然的品牌延伸。这是一个神话般的创意。"

（资料来源：http://www.ceconline.com/operation/ma/8800050559/01/)

小组讨论 1

Nike+iPod 运动套件的创新团队属于哪种类型？

小组讨论 2

苹果和耐克是如何处理团队中企业文化冲突的？这对于创新团队的领导有什么启示？

　　是改变大发明家的形象的时候了。过去，发明家的形象都是单独的个人，如宋代的毕昇发明了活字印刷术；爱迪生独自一人"躬耕"于实验室，发明了电灯和留声机。

　　现在，创新者更多时候是一个团队，大家互相学习，产生新创意，将其变为产品，推向市场。

知识链接

知识点 1　创新团队的组织形式

职能团队

　　创新项目的成员主要由同一职能部门的人员组成，团队领导为本职能部门领导。

创新团队 = 部门员工 + 部门领导

轻量级团队

　　有关职能部门会指定一个部门负责人作为本部门的代表与创新团队联系，以利于沟通和提供支持。

创新团队 = 一个部门负责人 + 一个创新团队

重量级团队

　　负责人是企业的高层管理者，创新团队由团队负责人而不是职能部门的负责人领导，适合于突破性创新。

创新团队 =N 个部门负责人

创新团队组织形式的比较见表 6-2。

表 6-2 创新团队组织形式的比较

	职能团队	轻量级团队	重量级团队
构成及领导	创新项目的成员主要由同一职能部门的人员组成，团队领导为本职能部门领导	有关职能部门会指定一个部门负责人作为本部门的代表与创新团队联系	负责人是企业的高层管理者，创新团队由团队负责人而不是职能部门的负责人领导
优点	深厚的专业知识，易于协调和考核	部门间沟通、协调有一定改善	高层领导总负责，容易获得更好的协调和支持
缺点	与其他部门之间协调难度大	团队负责人地位不高，影响力有限	职能部门的作用和责任心被弱化

知识点 2 让创新团队高效有三个秘诀

麻省理工学院 (MIT) 媒体实验室人类动力小组做了一个研究课题:什么样的团队工作方式最有创新力。专家们这次放弃了传统的商学院式案例分析,以及社会学家们的调查问卷方式,而是借助"数据挖掘",即通过大量的传感器数据,复杂的数学模型,来分析创新团队的真谛。

研究过程中,需要采集团队成员间的电子邮件通信记录、智能手机数据,以及让他们佩戴特殊的传感器系统,对每一次会议的过程进行电脑机器分析。通过这些系统,我们得以充分了解到每一个团队成员的工作效率、与他人协作的情况,甚至包括说话的语气、心情压力等多种数据,从而进行更加深入的研究。

1. 提升团队的"团商"

就像每个人的智力水平可以通过标准化的 IQ 智商测试题测试一样,MIT 的研究人员发现,原来一个团队创新和解决问题的能力,也可以通过一个标准的测试题库测试出来。换句话说,只要让一个团队成员一起参与几个简单的测试题,便能够系统地了解一个团队的综合能力,并计算出一个"团商" (Collective Intelligence) 数字。将来,这个"团商"值便能大致预测团队在未知项目中的表现。

不同的创新团队具有不同的团商,研究进一步发现了提高团商的奥秘:

(1)团商和每个成员的智商水平并没有联系。

(2)不过,通过成员佩戴的传感器数据分析发现,如果团队中有少数几个人过度活跃,他们的发言便会占据团队绝大部分的交流时间,团商就会突降。

(3)有女生的团队团商会高。

基于此,在团队交流和头脑风暴的过程中,让团队的成员忘记自我非常重要。企业的创新领导人要从一开始就灌输给团队这样的观念:一个团队的能力和个人的智商没有太大关系。同时,领导者要确保员工能均匀地在团队中分配到发言时间,避免少数个人过分参与,以真正提高会议效率和团商。

2. "面对面"互动

研究中的另外一些发现，则在现实中已经得到验证。像意大利法拉利公司董事长蒙泽莫罗最近表示，员工应少发电子邮件给同事，如果有问题要沟通，最好当面说。他认为这种方式虽然老派但"非常有效"。在信息技术如此盛行的今天，作为雅虎公司的最新掌门人，玛丽莎·梅耶尔(Marissa Mayer)更是反其道而行，竟然取消了公司可以在家中办公的宽松规定，要求每一个员工都必须坚持到公司办公。

中国、美国商会前高级公关经理乌兰图雅也曾写过一篇《参透 E-mail 玄机和陷阱：公司政治与组织生态》（以下简称《参透》），一度在公司圈特别是跨国公司圈里引起反响。《参透》论述了电子邮件的四大弊端，它们包括：

（1）"大踢皮球互相推诿"：电子邮件成为推脱工作和责任的工具。

（2）"立此存照秋后算账"：无论多么小的事，当面说还是电话说，必定要邮件确认给你，这样做无非两种目的——攻击或防御。

（3）"以下犯上挟天子令诸侯"：这取决于电子邮件的一个独特之处：受者被动性，这与电话沟通是非常不同的。

（4）"转发、密送的玄机和陷阱"：要记住，转发有风险，有可能大规模推进公司斗争。

通过分析一个大 IT 公司不同小组的业绩，以及他们的合作方式，发现使用电子邮件越多越频繁的团队，所表现出来的业绩越差。与之对照，打造创新团队的秘密武器恰恰是真正面对面的交流。实验过程是让每位团队成员每天都佩戴一种特殊电子卡片一样的"社交"传感器，它们能侦测到面对面交流。结果显示，团队成员面对面交流的时间越多，团队互动越频繁，创造力越能够提高。

这也印证了很多创新管理者的想法。比如，虽然现在的高速互联网如此发达，但是大学和研究机构始终坚持要求师生和研究人员能共同在校园工作学习，反对将传统的科研教学过程远程化（当然，远程化让许多无法走进大学上学的人受益）。

同样的原理竟然也可以运用到城市中。事实上，通过对欧洲和美国许多城市研究发现，一个有活力、有巨大生产力和创造力的城市或社区，当地居民间的关系和互动也更活跃，各种活动丰富。相反，没有创造力的城市和社区，必然死气沉沉，大家关紧家门，少有相互的关怀。

3. 善用茶歇时间

为了让团队的互动可调控，媒体实验室小组想出的巧妙的办法，是利用茶歇。传统的大公司中，创新员工往往自己控制休息和茶歇时间，但笔者所在的小组研究者们想出的办法，是通过提供好吃的饼干食物，鼓励同一个创新团队的核心人员，在同一个时间一起茶歇——到茶歇时间，不管你手头的活有多忙，企业鼓励你暂时放下手中的工作，和同一团队的成员们一起放松十几分钟。

在一家排名靠前的商业银行团队的实验中，MIT 的研究员通过这样的茶歇，巧妙地强化了团队员工之间的互动，进而大大提升了企业员工的工作效率。

当然，除在茶歇的过程中提供饼干之外，研究者们会让员工们有充分的隐私和自由，如可以讨论家里的小狗、孩子教育等各种问题。看似海阔天空的聊天，却增加了团队的协作氛围，他们更愿意交流，在工作中也更加自由地合作。通过"社交"传感器的分析，发现更多信息在不经意中得到共享，茶歇神奇地增加成员工作中面对面交流的机会，从而增加了整个团队的创造力。

同样的办法，还能够让最具有创造力的员工和相对比较落后的员工共同参加茶歇，随意自由地交流。即通过搭配茶歇的人员，企业不费吹灰之力，就自然而然地对较弱的员工进行了培训。

研究小组通过数字分析发现了这些规律，但并不代表最先运用了这些规律。许多创新公司，比如谷歌的创始人们，早就意识到了免费茶歇的重要性。他们是首批为员工提供免费食物的硅谷高科技公司。看似浪费时间、毫无关系的共同进餐、喝咖啡过程，恰恰是伟大创新点子产生、高效率的创新团队搭建的时候。

案例：在 3M 中国公司，高绩效的创新团队是怎样工作的？

当熊海锟站在高高的领奖台上，和其他 28 名团队成员一起，拿到 3M 全球的团队创新荣誉"2006 年度金靴奖"时，喜悦的心情甚至超过了他 2001 年获得 3M 全球"技术卓越创新奖"，即使它代表了员工个人技术水平的最高荣誉。

在他看来，团队的荣誉高于个人的荣誉，因为，团队的贡献高于个人的贡献。以他为首的"DYNASTY 工业胶带产品本土化"项目团队，实现了该产品的本土化创新，年销售收入突破 1000 万美元，符合新产品上市三年内，某年的销售收入"至少 1000 万美元"的"金靴奖"标准。

现任 3M 中国胶带和胶粘剂产品实验室经理的熊海锟，回忆自己在 DYNASTY 团队中开展创新工作最难忘的一件事时说，是公司领导对团队式创新的高度重视，催生了 DYNASTY 团队，目标是"金靴奖"。结果，他们的团队成功了。

在 2005 年"金靴奖"的颁奖典礼上，3M 美国公司光学薄膜产品组的一个团队最终摘取了桂冠，3M 中国公司有几名工程师也是这个团队的成员。参加典礼的 3M 中国公司领导层十分感慨：为什么老是美国本土、韩国或者日本这些发达国家的 3M 子公司发起"金靴奖"的提名？3M 中国公司为什么不能发起？

于是，同一年成立的 3M 中国研发中心在鼓励个人创新的同时，大力倡导团队式的创新。"在过去的两年多时间里，我们的团队式创新有很多成功的例子，归纳起来，可以分为市场导向型创新团队和技术导向型创新团队这两种。"3M 中国公司研发中心总经理刘尧奇说，"DYNASTY 是我们第一个拿到金靴奖的团队，也是市场导向型创新团队的杰出代表。今年我们再次有望由另一个团队获得这个奖项。"

在 3M 中国公司，高绩效的创新团队是怎样工作的？下面围绕团队的基本特征，以四个创新团队为例，揭开这个问题的答案。这四个创新团队分别是 DYNASTY 产品创新团队，光电缆接头盒产品创新团队，先进材料创新团队，以及纳米涂层技术应用于呼吸面罩创新团队。前两者是市场导向型创新团队，后两者是技术导向型创新团队。

1. 目的目标：激励、共享、成就

在 3M 中国，创新团队目的的形成伴随着团队的组建和发展。熊海锟得知公司领导有意争取"金靴奖"之后，主动向刘尧奇请缨，选择工业胶带产品本土化作为创新对象，牵头成立一个特别任务团队，直指"金靴奖"。

团队的目的和具体的目标是相互依存的关系。团队目的中广泛的甚至高尚的理想能够提供既有意义又有感情的动力，具体的业绩目标帮助团队记录进步并保持自信。

具体目标要被团队成员记住，并转化为创新工作的动力，宣讲是一个不错的方法。熊海锟说："在团队启动会议上，我把'金靴奖'的渊源给大家讲清楚，把它的评奖标准给大家讲清楚，就是新产品上市后三年内，某一年的全球销售收入超过 1000 万美金。"

具体目标要转化为团队成员的动力，还要把目标实现的进展在团队内部通报和共享。在呼吸面罩团队，就常常召开目标进展情况的沟通会议。"我们的沟通很及时，有些沟通是定期举行的。每次沟通过后，大家都非常明确接下来要做什么，再次沟通过后就知道自己完成了什么，没有完成什么，接下来的目标是什么。"

在有意义的目的和目标得到实现之前，它们就能够赋予团队成员以强大精神动力。而这些目的和目标的最终实现，更是极大地激励了团队成员对团队创新的热情，这样，每当他们完成某个创新团队的工作，都会积极地投入又一个创新团队中去，团队式创新便可以在公司内发展出"燎原之势"。

2. 共同方法：共用、专用、共识

形成共同方法的核心就在于，在工作的各个具体方面以及如何能把个人的技能与提高团队业绩联系起来拧成一股劲的问题上取得一致意见。

在 3M 中国公司，创新团队的共同方法有两种类型。一种类型是适用于多个创新团队的共同工作方法，如公司制定的流程（在 3M 中国公司，产品创新围绕着一个规范的"新产品商业化流程"（New Product Introduction System）来进行技术论坛、鼓励创新的奖励制度、"15%时间"法则（利用占自己工作时间 15% 的自由时间），以及创新文化产生的潜移默化的作用。另一种类型是单个创新团队所特有的、该团队成员使用的共同工作方法，如不同团队内部的不同沟通方法，不同团队内部的不同协调方法。这些方法的共同之处是，把不同成员的技能整合起来，以团队的方式发挥 1+1>2 的效益。

3. 技能规模：组合、互补、突破

团队必须培养起正确的技能组合，也就是说，每一种技能都是为完成团队的目标所必需的能互济余缺的技能。这些技能可分成三类：技术性或职能性的专家意见；解决问题的技能和决策的技能；人际关系的技能。

在 3M 中国公司，创新团队的互补技能主要通过选择不同专业领域或者职能部门的人员来实现。不过，市场导向型创新团队和技术导向型创新团队，由于所从事的创新性质不同，所要求的技能组合也有不同。"一般来说，市场导向型团队的技能组合是，对市场和客户有深入了解，有技术实力，善于把新概念和新想法变成产品，主要是做'研究与开发'中的'开发'这一块。"刘尧奇说，"这些人有创意，但是更会利用现有的资源，迅速把新的创意或者设计变成产品，推向市场。"

作为一个高绩效的市场导向型创新团队，光电缆接头盒团队的 30 个成员，分别来自 3M 中国公司的研发、业务、工厂等职能部门，以及其他国家的研发中心。其中，有 7 位中国的研发工程师和技术服务工程师;业务部门有 13 个人,负责市场推广、新产品新应用的客户交流;制造工厂有 6 个人，负责制造、工艺控制、质量控制；还有来自亚太、美国、欧洲的 4 个研发人员。除此之外，还有近十几名海外研发人员参与到项目的讨论中。

在这个团队中，技术性、职能性技能，问题解决和决策技能，以及人际关系技能，基于一个共同的创新目标，融合到一起。

4. 责任信任：文化、领导、角色

团队承担责任乃是我们对自己和他人做出的严肃承诺，是从两个方面支持团队的保证：责任和信任。通过保证要为团队的目标负起我们的责任，我们大家得到了对团队的各方面工作表达自己意见的权利，也得到了自己的观点得到公平对待和有益倾听的权利。通过遵循这样一种承诺，我们才能保证和扩展信任，这种信任是建立任何团队都必须有的基础。

打造团队成员的责任感和信任感，可以从团队内外两个方面入手。对 3M 中国的创新团队来说，一方面，公司深厚的"鼓励创新，允许失败"的企业文化，以及在这种文化的指引下公司领导对团队的支持，让创新团队成员感到，创新团队得到公司的高度信任，他们自己更应该相互信任。另一方面，创新团队的目的和目标让成员们感到，个人的成功与团队的成功紧密地联系在一起，每一个人都应该扮演好自己在团队中的角色。"我的经验是，团队中的每个人都有责任认清自己的工作定位，只有这样，才不至于引起工作中的重复和越界，团队合作才能更加有效。"陈雪花说。

（节选自：http://www.ceconline.com/operation/ma/8800050560/01/）

创新型领导者的十大特征

（资料来源：http://www.managershare.com/post/165074）

展现出卓越的战略眼光

最高效的创新型领导者能够生动描述他们的未来愿景。正如一位受访者所说的："我的老板擅长给出关于最终目标的清晰描述，而我们的职责就是努力找到实现它的方法。"

以顾客为中心

这些人着迷于令顾客感到有趣的细节。他们极力了解顾客内心。他们始终与顾客保持联络，持之以恒地追问他们的需要和需求。

创造相互信任的氛围

创新总会面对一定程度的风险。并非所有创新点子都能够实现。这些高度创新型领导者与为他们工作的创新者建立起了和谐的合作关系。他们平易近人，易于沟通。同事们知道，如果事情出错，他们的上级不会和自己划清界限，而会努力补救。绝不会有人因为无心之过而被处罚。

无畏地坚持做有利于企业和顾客的事

比起取悦老板或是地位更高的管理者，他们认为做有益于项目和企业的事总是更重要。

坚信上行沟通的文化

这些领导者相信，最好与最具创意的理念往往来自底层。他们努力构建一种鼓励任何层级提出好主意的文化。他们通常被形容为乐观、充满活力，以及善于接受新理念的管理者。他们善于用玩笑取代冷酷无情的态度。

善于说服他人

这些领导者善于推销自己的好点子。他们并不会采取逼迫手段将自己的观念强加给自己的团队。相反，他们充满热情与信念地展现自己的观点，团队自然乐意追随。

设定具有延展性的目标

要想实现这些目标，努力工作是不够的。有延展性的目标要求员工找到更新的方法，达到更高的标准。

7

强调速度

这些领导者相信，对速度的注重能够淘汰掉团队里那些不努力的人。比起冗长的研究，创意型组织往往更倾向于实验与快速成形。

在交流中保持坦诚

这些领导者会给出诚实，有时甚至是毫不客气的反馈意见。下属们感觉，他们总能从领导者那里得到最直接的答复。

9

将鼓舞与激励付诸行动

要使创新存在，你必须感到你是受鼓舞而这样做的。这种感觉来源于工作的明确目的与意义。

在创新团队里，你属于哪种类型的人才呢？请做下面两个测试。

1. 看见一朵花，你会怎么描述它？

　　根据收集信息方式的不同，可以把人分为两种类型：实感（S）型和直觉（N）型。S型的人倾向于用视觉、听觉、触觉、嗅觉和味觉来收集信息；N型的人会超越现实或具体的物件，关注意义、关联和关系。因此，对同一朵花，S型和N型的关注点大相径庭。

2. 去旅行之前，你会做哪些计划？

　　同样，根据对外在世界的态度，以及如何安排周边环境的不同，可以把人分为判断（J）型和认知（P）型。J型的人喜欢做计划，希望外在世界是组织化和有秩序的；P型的人喜欢亲身参与这个世界，而不是把它组织起来进行观察。

S

花是黄色的
花瓣是椭圆形
闻起来很香
摸起来很光滑
……

N

花的生长需要施肥
可以放到花店出售
可以做成香水
可以送给朋友
……

J

搜攻略确定游玩景点
预定酒店
提前确定好行程
提前租好车
……

P

玩到哪里算哪里
……

　　如果你属于NP型的人，那么恭喜你，你是最受创新团队欢迎的类型：脑洞大开的创新型人才。这类型的人最具创新能力，适合做从0～1的独创型创新。但是创新团队只需要NP型人才吗？当然不是。四个类型的员工各有特点，他们必须分工协作，才能组成一个完美的创新团队。

	J（判断型）	P（认知型）
S（实感型）	SJ 型：喜欢总结过去的成功经验与失败教训，能关注矛盾点，避免重复犯错	SP 型：喜欢仔细检查现状来获取信息，喜欢投入行动及参与讨论
N（直觉型）	NJ 型：关注模式与规律，形成自己的假设，喜欢综合各种信息，形成结果	NP 型：将"是什么"和"可能是什么"联系起来，能提出很多可能性以供进一步探索

我们把创新分为四个阶段：定义问题、生成方案、筛选决策、执行。四个阶段正好对应以上四个类型的员工，如果你是这个团队的领导，你觉得谁适合收集信息，找出问题？谁适合想办法，针对问题提出方案？谁适合筛选决策，找出最佳方案？谁适合执行方案？

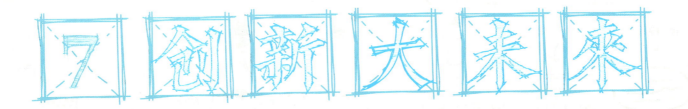

7 创新大未来

7.1 文化创意产业

7.2 互联网+创新

7.3 工业4.0创新

这是一个创新的时代。

自人类诞生的那一刻起，创新一直在改变我们的生活。

早在 100 年前，西方著名经济学家熊彼特就发出了"创新是经济的真正主题"的论断。

创新改变了过去，它将继续引领着我们走向未来。

在不同的国家地区、不同的行业领域，都不乏特色鲜明且具有时代特色的创新：

√ 文化产业应如何创新业态、转型升级？

√ "互联网＋"是否是中国迈向创新型国家的一个机会？

√ 工业 4.0 为何引起广泛关注？

······

哪些才能代表未来创新的大趋势呢？

在本章，我们选取了当下最令人瞩目的几大创新趋势，来为大家一一解读。

7.1 文化创意产业

引导案例 迪士尼打造"文化空间" 如何在讲故事中赚钱

（选自：时代·中国文化创意产业网）

随着全球第六个、中国内地第一个迪士尼乐园的开园，一个以大 IP 即知识产权为核心的迪士尼创意产业链正在加紧布局。在此过程中，我们可以从迪士尼身上学到更多东西。例如，对致力于创新驱动的城市来说，迪士尼提供了以文化魅力激活经济社会活力的诸多启发；对致力于转型升级的企业来说，迪士尼则可以告诉你如何将原创变成财富。

少儿英语培训：迪士尼中国本土化一大特色

1929 年，美国的一名家具制造商发现了迪士尼动画明星授权开发的商机，急忙找到沃尔特说："如果你允许我把米老鼠的形象印在我的写字台上，我就给你 300 美元。"这笔交易额虽然很小，却成为迪士尼公司收到的第一笔动画品牌授权金。

从那时开始，把迪士尼原创的动画、音乐和品牌等，通过内部授权开发延伸到特色产品上，逐渐成为迪士尼的一大特色和核心。90 多年来，迪士尼不断对产品的知识产权进行深入开发和保护，使得米老鼠、唐老鸭、花木兰、莫须龙、小米鼠等家喻户晓的动画角色，一次又一次地出现在玩具、家具、文具、游戏、图书、服装、箱包等上面。而通过专卖店售出的这些特色产品，迪士尼又走近了孩子和家长，无形中为迪士尼的动画片和主题公园做了生动的宣传，形成良好的互动。现在，迪士尼消费品部已经成为全球最大的授权开发方。

在中国，它甚至还发展起一个在全世界其他国家都没有的业务——少儿英语培训。在迪士尼中国本土化策略中，迪士尼英语是非常富有启发的产品，它运用迪士尼的故事、角色、音乐和品牌，为少儿英语学习注入大量娱乐元素，让 2～12 岁的孩子在亲近米老鼠、花木兰的过程中，更容易获得英语技能。目前，迪士尼中国的 3000 多名员工中，有多达 2000 余人在迪士尼英语培训部门工作。

据 2015 年 4 月披露的数据，迪士尼媒体电视台、公园和度假村、电影娱乐、消费品、游戏互动五大门类，在 2014 年度分别获得了 212 亿美元、150 亿美元、73 亿美元、34 亿美元、13 亿美元的营收额。迪士尼的上游即内容开发和影片制作的环节，属于高门槛、高投入、高风险、高技术的产业高地，而中下游即媒体、互动服务、品牌和衍生产品的环节，属于影响广、大众化、持续长、高回报的利润产出地。它并不拘泥于一城一地的得失，可以容忍某一部动画片的票房平平和某一个项目的尝试失败，而更加看重从长远战略布局出发，形成以 IP 为中心的全产业链。

迪士尼版十二生肖：可亲可感的"熟悉的陌生人"

迪士尼的核心产品，是以动画形象为主的知识产权，属于直达心灵的精神产品。但它也面临一个巨大的挑战，那就是原创生产一旦凝固或者停滞，就意味着随之而来的失败。因此，迪士尼必须在与千百万孩子和家庭的互动中，不断开发原创产品，把世界性娱乐主题具体化为本土化产品，又把地方化元素提炼为全球风行的娱乐明星。这种循环往复的过程，就是迪士尼的创意生命线及财富线。

在 90 多年的发展中，迪士尼全力汲取各国丰富文化资源，汇聚全人类的睿智，以童心想象、人间友爱、贬恶扬善、超越时空、调皮游戏为五大主题，再进行巧妙提炼和创意。例如，在已经开业的上海迪士尼乐园中，有一个高度本地化的项目——十二生肖乐园。它把中国源远流长的生肖传统，开发成可亲、可感、可购买的十二生肖娱乐空间和特色产品。而这些生肖角色都有迪士尼动画电影的原型，有望成为无数中国孩子"熟悉的陌生人"。

在迪士尼乐园的管理机构中，还有一个著名的迪士尼创意公司，汇聚了创意开发、建筑、设计、产品、项目建设管理、技术研发等部门，是文化、技术、管理、商务复合型的创意中枢。它经常邀请不同国家的创意人士，混合编组，形成多国创意团队。这种从理念和制度上鼓励创意、创新的企业文化，使得迪士尼可以在全球范围内汲取和提炼各种文化资源。这就使得迪士尼有一种能力，即以迪士尼的方式来讲述各国故事。

在经济全球化的今天，创意设计和产品开发往往需要集聚国内外的多种人才和要素，很难说它是纯粹美国的或者中国的。但只要掌握了核心高端要素资源，就会在全球贸易的增值链中获得有利地位。所以，不必对迪士尼进入中国市场有过多担忧，我们有理由走一条以要素合作型、国际专业化为特征的文化贸易道路。通过开放政策，使本国的低端生产要素获得整合与开发；通过资金积累等优势，积极培育高端生产要素，进而推动本国的产业升级。

有故事的米奇大街：进入乐园就步入童话世界

迪士尼的跨界联动，还体现在把创意要素注入到特定的园区、大道、剧场等，形成一个个充满魅力的文化空间。而要把城市空间改造成为"文化空间"则依赖于两方面的发展，不仅需要廉价的空间、漂亮的建筑、充足的艺术工作者以及金融业向文化产业的投资等物质资本，还需要视觉符号资本，即视城市为洋溢着艺术、文化和设计氛围的地方。

在上海迪士尼乐园，创意团队经过专门调研，设计了满足中国游客爱好的迎宾大道——米奇大街。这将是全球迪士尼乐园中，第一个以米奇和伙伴们为主题的迎宾大道。创意团队此前发现，中国游客更喜欢故事。所以，上海迪士尼乐园的迎宾大道——米奇大街更充分地将故事细节展现出来，让孩子和家长一进入迪士尼乐园就能步入"米奇的世界"。

对于城市建设而言，迪士尼给我们的启发是：打造品质文化的核心是，通过城市更新，不断提升审美魅力，把城市的物理空间改造成为"文化空间"。这是一个充满视觉符号资本，洋溢着各种各样艺术、创意和设计氛围，充满丰富多彩的人文体验和审美魅力的空间。

这一过程不应局限在某一点上，而要根据工业、商贸、遗产、文教、国际化和生态等条件和资源，不断注入艺术文化、时尚文化、工业文化、民俗文化、生态文化等要素，让城市空间成为活化历史、洋溢魅力的重要载体。

小组讨论 1

请用简单的示意图来描绘一下什么是"迪士尼创意产业链"。

小组讨论 2

迪士尼的中国本土化策略是什么?

第34名 中国

第1名 瑞士

第3名 以色列

第5名 日本

第10名 丹麦

第9名 新加坡

第2名 芬兰

第4名 美国

第7名 瑞典

第6名 德国

第11名 中国台湾

知识点 1 文化创意产业的来源

（资料根据"世界经济论坛 (World Economic Forum) 全球竞争力指数报告 2015" 整理设计）

20 世纪 30 年代正当美国经济大萧条，小罗斯福总统提出一些期待能振兴经济的政策，其中包含鼓励青年投入文创产业，后来确实促进了经济发展；大约过了半个世纪后，各国开始重视文创产业政策制定，1997 年英国工党领袖 Tony Blair 上任后宣布成立文化、媒体暨体育部 (Department for Culture, Media and Sports)，成为国际间以文创产业政策推动国家发展的先驱者，也祭出几个比较明确的发展政策。

所以，文创产业的说法源自美国，而英国将之具体发展为国家发展主轴，最主要还是因为不同的政治环境造就的发展结果，由此

可知，其他国家也应该依据不同的政治环境发展出自己的模式。

针对文化与创意面进行产业发展政策，最早是在 1997 年由英国布莱尔内阁所推动的创意产业；同一时期，遭逢亚洲金融风暴的韩国，在总统金大中主导下也开始从电影与数位等产业开始发展"文化内容产业"，并成立韩国文化内容振兴院（KOCCA），通过《文化内容振兴法》。采取类似做法者，也包括澳洲、新西兰以及欧洲诸国等。而中国近几年在艺术市场蓬勃、公共展演场地大建设（如 798 艺术区）下，除在既有制造业的优势下寻找出路外，也开始重视文创产业的发展、资源投注，并且参考中国台湾的名词与定义。

知识点 2　什么是文化创意产业

1. 定义

"文化"一词有着诸多不同的定义。广义来说，泛指在一个社会中共同生活的人们，拥有相近的生活习惯、风俗民情，以及信仰等；狭义来说，即是指"艺术"，是一种经由人们创造出来新形态的产物。不论就狭义或广义的文化而言，"文化创意"就是在既有存在的文化中，加入每个国家、族群、个人的创意，赋予文化新的风貌与价值。

什么是文化创意产业？创意产业的概念最早出现在 1998 年出台的《英国创意产业路径文件》中，该文件明确提出，"所谓创意产业，就是指那些从个人的创造力、技能和天分中获取发展动力的企业，以及那些通过对知识产权的开发可创造潜在财富和就业机会的活动。"

各国与各学术层面有着不同的定义，文化及创意产业有时被称为文化产业、创意产业、内容产业、数位内容产业、文化内容产业、创意工业、版权产业等。

目前推动文化创意产业的国家较出名者，如英国、韩国、美国、日本、芬兰、法国、德国、意大利、澳大利亚、新西兰、丹麦、瑞典、荷兰、比利时等。

2. 概念辨析：文化产业、创意产业与文化创意产业

文化创意产业（Cultural and Creative Industries）与创意产业（Culture Industry），无论是内涵还是外延都极为相似。国际上比较通行的提法是创意产业。

英国的创意产业包括 13 个行业：广告、建筑、艺术与古董市场、工艺、设计、流行设计与时尚、电影与录像带、休闲软件游戏、音乐、表演艺术、出版、软件与计算机服务业、电视与广播。

中国台湾的创意产业也包括类似的 13 个产业：视觉艺术产业、音乐与表演艺术产业、文化展演设施产业、工艺产业、电影产业、广播电视产业、出版产业、广告产业、设计产业、数字休闲娱乐产业、设计品牌时尚产业、创意生活产业、建筑设计产业。

由于创意产业为创意人群发展创造力提供了根本的文化环境，文化产业就自然地和创意产业交融在一起，因此文化产业与创意产业的概念经常被交叉使用。不过，文化产业具有集约化、规模化的工业特征，而创意产业强调的是每一个个体的创新精神、创业能力和创造力能否得到最大程度的发挥。因此，尽管两者包含的行业内容具有较大的重叠性，文化产业和创意产业仍然分属于两个不同的概念。

电影制片

出版

电影院

书店

画店

印刷厂

大剧院

电视台

节目制作

动漫制作

互动游戏

软件制作

互联网

作画

文化演出

电视产业

考一考：以上哪些属于文化产业？哪些属于文化创意产业？试标记出。

【答疑解惑】

电影院、书店、画店、印刷厂、大剧院、电视台、互联网等行业或产业，它们经营文化产品，提供文化服务，但由于涉及原创的因素较少，只能归属于文化产业而不能归属于文化创意产业。

而电影制片、出版、作画、文化演出、电视产业、节目制作、动漫制作、互动游戏、软件制作等行业，由于具有原创性质，能形成知识产权，故属于文化创意产业。

1. 通过"越界"促成不同行业、不同领域的重组与合作

文化创意产业中既有设计、研发、制造等生产活动领域的内容，也有传统第三产中的一般服务业，更有艺术、文化、信息、休闲、娱乐等精神心理性服务活动的内容，是城市经济和产业融合发展的新载体，是现代服务业的重要组成部分。

文化创意产业的根本观念是通过"越界"促成不同行业、不同领域的重组与合作。这种越界主要是面对第二产业的升级调整，第三产业即服务业的细分，打破第二、第三产业的原有界限，通过越界，寻找提升第二产业，融合第二、第三产业的新的增长点，二产要三产化，要创意化、高端化、增值服务化，以推动文化发展与经济发展，并且通过在全社会推动创造性发展，来促进社会机制的改革创新。

2. 以创造性为核心

在一些传统的行业或领域中，创造性只是一种附属品而不具有产品的核心地位。同时这种创造性或创意还是指相当普泛化的一般概念，如过去我们熟悉的特指艺术创作中的艺术家的独创性。而按照后标准化时代的创意理念，创意或创造性成了特指的市场趋向的产业方式的核心。也就是说，第二产业制造业卖产品、卖机器，创意产业卖设计、卖理念、卖精神、卖心理享受、卖增值服务。这样，创意就成了当代产业组构中的一种特殊的设置，它决定了产业的性质，并由此决定了产业的管理与操作。

创意产业的精神性、流动性、易逝性决定了创意产业的根本：创意为王。尽管创意产业的组织结构与交易过程十分复杂，但其核心仍然是创意。创造性是创意产业的生命线。当代消费社会，大众流行文化遵循时尚化、浪潮化的运行方式，使得文化产品的新颖性、短时性和强烈的空间（视觉）特征空前凸显出来。创意产业所包含的广告、建筑、艺术和文物、工艺品设计、时装设计、电影、互动休闲软件、音乐、表演艺术、出版、软件、电视广播、游戏与网络游戏以及动漫、DV、Flash、短信、手机视频无不强烈地依凭新的创意、新的设计。

知识点 3 文化创意产业的特色

3.以创意阶层为主力

第二产业的发展靠机器、厂房、资源和劳动力，创意产业不同于制造业的汗水产业、劳动力密集产业，创意产业的发展靠创意阶层，靠创意群体的高文化、高技术、高管理，靠新经济的"杂交"优势。特别是创意阶层中最富创造性的高端创意人才。

据统计，现代财富的创造更多集中在一些最优秀的创意人才上，如比尔·盖茨、陈天桥。

4.发展更加动态化

从产业运作模式上看，创意产业的发展更加动态化，它是市场经济运行的高端方式，更加远离过去的计划经济方式，更多地依靠市场和消费自身的推动，同时又不断地设计市场、策划市场、涵养市场、激发市场。

也就是说，在当下的全球化消费时代，市场的全球性，传播的全球性，需求的精神化、心理化、个性化、独特化，消费的时尚化、浪潮化，使得创意作为产业，从根本上改变了过去固化的稳态工业发展模式：常规结构，常规模式，常规营销，常规消费，而代之以不断变动的创意策划，创意设计，创意营销，创意消费。它在不断关注市场中，创造消费惯例，涵养消费人群、引导消费时尚潮流。它不断在创意中寻找热点、利润和机会，以一种动态的平衡模式替代或提升过去的稳态工业发展模式。因此，它高度依赖策划，依赖人才，依赖变化，眼睛每时每刻都在盯着市场微小的变动，捕捉机会，放大机会，展开新一轮竞争。它的活力在于每个企业都有机会也有风险，每个企业都要面对竞争也要面对失败，每个企业都要殚精竭虑面对生存挑战。这就是创意社会的主旋律和大逻辑。

案例：创意理论、创意经济与创意产业

创意理论、创意经济的产业浪潮绝不是空穴来风，其先驱是著名德国经济史及经济思想家熊彼特（Joseph Alois chumpeter）（1883-1950），早在 1912 年他就明确指出，现代经济发展的根本动力不是资本和劳动力，而是创新，而创新的关键就是知识和信息的生产、传播、使用。在他逝世 40 多年后，他当年率先创用的"创造性破坏"、"创新"以及"企业家精神"三个关键词，已成了美国甚至全球主流经济论述中的重要核心概念，被麦肯锡顾问公司的两位经济学家发扬光大，写成著作《创造性破坏——市场攻击者与长青企业的竞争》，对观察当代企业流变具有十分重要的帮助。

熊彼得创始的创造性破坏或创意破坏性技术是指那些能够让更多的人享受到这种技术所带来的好处，而破坏了既有技术的根基的技术。例如，电话的产生就是一个创意破坏性的技术，它破坏了原有的电报技术。现在，许多的大公司常常是基于理性的经营方式来决定自己的产品政策，这样那些在短期之内经不起考验的产品就不会得到推广，创意破坏性技术就难以产生。但是实践表明，创意破坏性技术能够为公司赢得市场，而对创意破坏性技术的搁置往往造成既有市场的丧失。

（选编自：金元浦 文化产业网）

出身哈佛的美联储主席格林斯潘经常把熊彼特的名字和观念挂在嘴上。他曾说："美国的经济，比起其他国家更明显地反映出从前哈佛著名教授熊彼特所谓的创造性破坏，它乃是一个持续的过程，新兴的科技赶走了老科技，当使用老科技的生产设备变得陈旧，金融市场即会支持使用新科技的生产方式……这种创造性破坏的过程已明显地在加速，伴随着这种扩大的创新，也反映在资本由老科技往新科技的移动上。"这种"创造性破坏"被认为就是"新经济"得以发展的动力。公司之间的竞争总是围绕创造新的产品和服务展开的，而这个过程是永无止境的，这就会不间断地推动生产力的改革或完善。

另外一种更具实践意义的创意产业的观念将创意产业与雇用人员数量的平均值和标准差联系起来。如美国密苏里州经济研究与信息中心发布的《创意与经济：密苏里州创意产业的经济影响的评估报告》就将创意（业）产业这样表述：

创意产业是指雇用大量艺术、传媒、体育从业人员的产业。产业对艺术的依赖度通过计算下列工作产业内所占的比例确定，这些工作属于"艺术、设计、体育和传媒行业"类。分类是根据联邦政府所制定的"职业分类标准"进行的。任何产业只要其艺术相关的职业比行业艺术雇员平均值高至少一个标准差，即可被界定为创意产业。在本书里，任何产业的创意工作的雇员超过 10%（等于比平均值高一个标准差）即被定义为创意产业。

1. 上海张江文化科技创意产业基地

区位：位于浦东新区张江高科技园内，距离浦东机场21公里，距虹桥机场25公里。

规模：占地30万平方米。

启动时间：2004年8月。

运作模式：由上海张江集团联合上海文新报业共同组建的"上海张江文化科技创意产业发展有限公司"承担基地的开发建设和运作管理。

产业定位：动漫画、网络游戏、高科技影视后期研发设计制作和产品工业造型设计等。

入驻企业：美国艺电、盛大网络、第九城市、网星游戏、CORE、矽幻科技、创新科技、盛大网络、第九城市公司以及SJS公司等164家企业，年产值超过40亿元，带动相关产值240亿元。

张江文化科技创意产业基地作为上海首个文化创意产业园，已经成为国内最具活力和创新能力的产业基地之一。

2. 香港数码港

区位：坐落于香港岛西侧的钢线湾，距离中环约 20 分钟车程。

规模：占地 360 亩（24 万平方米），总建筑面积约 53 万平方米。

启动时间：1999 年 9 月动工，主体工程于 2004 年分期落成。

预计收益：发展成熟后，香港政府可获得 119 亿港元的盈利。

入驻企业：集合了 94 家从事信息科技应用、信息服务及多媒体内容创作的公司，推动香港信息产业和创意产业发展。

主要设施：

甲级写字楼

数码媒体中心

资讯资源中心

会议及展览中心

零售及娱乐中心

星级酒店

高级住宅

香港数码港总建筑面积 53 万平方米，以信息科技、信息服务及多媒体创作为主题，其成功因素主要有政策导向、市场需求、国际化管理水平、资源共享机制等。

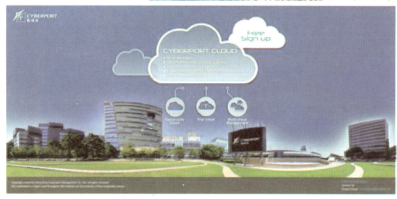

（图片来自：http://www.tagheart.com/node/5170，© 香港数码港）

3. 东京杉并动画产业中心

　　区位：东京杉并区位于东京西郊，以文化博物馆为核心，聚集日本 17% 的动漫产业。

　　主要设施：

　　（1）文化交流类。

　　杉并文化博物馆、购物中心、商务酒店、生态公园。

　　（2）创意办公。

　　宫崎骏制作室、传媒策划公司、高档画廊、艺术工作室、广告公司。

　　（3）金融。

　　投资机构、银行。

　　（4）休闲娱乐。

　　动漫影剧院、娱乐中心、玩具城。

　　东京杉并动画产业中心是动漫产业积聚地，形成了一个相对稳定成熟的制作、宣传与销售网络，产生良好的经济效益和社会效益。

7.2 互联网＋创新

三大创新让互联网加速前行

引导案例

案例 1：

河北省保定市的王建德将小米空气净化器二代插上电源，开机瞬间，手机中的"智能家庭"应用就发现了新设备，路由器、智能门铃、电视、盒子、空气净化器……同一品牌的智能硬件构成了他家一个小小的"生态系统"。

案例 2：

北京银行职员白欣欣今年通过手机应用"爱大厨"下单，给家里订了一桌时髦的年夜饭：大厨自带食材上门制作。她告诉记者："菜品里有加拿大龙虾、银鳕鱼、佛跳墙等，挺'高大上'的吧！味道也不错，比在饭店吃更有居家过年的温馨气氛。"

案例 3：

从组建团队到新三板上市，校园社交神器"面聊"只用了1142天。创造奇迹的马天琛甚至还是个在校的博士生。他坦言，能够极速成长的重要原因之一，就是使用了阿里云自主创新的公有云服务，"云服务让创业企业只花一点点钱，就能获得巨大的创新能力"。

三个普通人的故事，正是中国互联网创新的三条路径写照：商业模式、服务方式和技术突破。

从1994年互联网全功能接入至今，从模仿学习到比肩超越，创新成为中国互联网前行路上的一盏"明灯"。百花齐放的创新元素，也出现在本届世界互联网大会的舞台上。

1. 模式创新——"羊毛出在猪身上"

中国香港的资深英超球迷高原上个星期刚预订了乐视 1s 手机的英超定制版。"2999 港元送一个赛季英超会员，减去 1300 港元的手机钱，一个月的月费不到 150 港元，比过去有线电视看英超少一半还多。"国内互联网业界独创的"赔本赚吆喝"的商业模式，正在被厂商们作为进军海外的"法宝"。

著名投资机构红衫资本中国基金创始人沈南鹏曾在上届世界互联网大会上表示，中国互联网产业的原创商业模式创新"更胜一筹"。从 2006 年奇虎 360 推出第一款宣称永久免费的软件"360 安全卫士"后，"免费模式"席卷了游戏、应用软件和视频服务，意图通过免费吸引用户换得黏性和流量，随后通过精准广告等方式流量变现。用广告主的投入为用户"买单"，这种商业模式也被称为"羊毛出在猪身上"。

随后兴起的小米、乐视等互联网手机厂商，则将这样的模式延伸到移动终端。硬件不赚钱，言必称生态链几乎成为"标配"，先卖出手机，再将内容、应用服务、智能硬件等增值业务附加其上，最终建立起自己的"小天地"。小米全球运营副总裁雨果·巴拉表示，小米投资了 56 家创业企业，将其纳入了自己的生态链。从手机到电视、路由器，甚至智能门铃等，所有设备都可以直接使用小米手机管理。而乐视控股亚太区执行总裁莫翠天也表示，乐视希望借手中三年的英超转播权，"将包括平台、内容、终端和应用在内的完整生态系统拓展到海外，通过生态来补贴硬件"。

模式创新

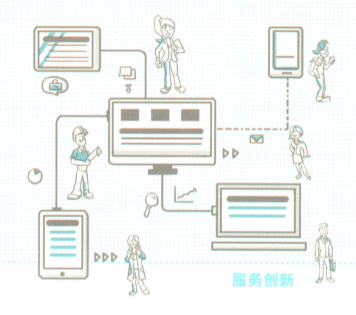

服务创新

2. 服务创新——融合带来"新生儿"

浙江乌镇西栅景区的百年老店陶叙昌酱园的柜台上,摆出了支付宝和微信支付的牌子。这样的牌子,在整个乌镇随处可见。目前,银行卡、微信、支付宝"三合一"收银一体机已在乌镇安装200多台,覆盖了一半以上的商户。

手机支付成为打通线上和线下的"入口",也正是基于成熟的消费互联网生发出的种种服务创新的一个缩影。国务院发展研究中心市场流通研究室主任王青表示,线上和线下消费的融合,不仅提升了效率和改善了消费体验,更重要的是,线下商家可以充分利用移动互联网和大数据技术来升级服务,比如,分析购买人群和受欢迎商品之间的关系,以此作为采购和营销的参考。

"互联网+"带来的水乳交融,也让更多服务创新的"新生儿"接

踵而至。最典型的就是互联网与金融碰撞融合后爆发出的巨大能量。阿里巴巴、京东、腾讯、百度、网易纷纷试水互联网理财、信贷、保险等产品。网易金融事业部执行副总裁王一栋坦言:"互联网的优势,就是可以利用用户的海量行为数据来描绘用户的个人画像,然后将用户的需求与产品匹配起来。"成立7个月以来,网易理财平台成交量已经接近250亿元,网易宝每日交易笔数超过200万笔。

而在另一个维度上,互联网与本地服务的融合,则带来了中国特色的O2O服务。从电影票预订到互联网出行再到上门美甲、上门洗车……本地服务的互联网化已成为资本市场的投资热点。2015年10月,"58到家"宣布获得3亿美元的A轮融资,"58到家"旗下的速运事业部总经理李瑞凌表示,除了服务个人消费者,未来O2O还将给传统产业带来更深的影响。

3. 技术创新——奔向明天有 "底气"

2015 年 12 月 10 日,一台无人驾驶汽车刷爆了 "朋友圈"。在从北京中关村软件园到奥林匹克公园的往返过程中,这辆百度无人驾驶汽车实现了多次跟车减速、变道、超车、上下匝道、掉头等复杂驾驶动作,最高速度甚至能达到每小时 100 公里。而这辆无人车,也出现在本届互联网大会中的 "互联网之光" 展览中。

"引进消化吸收再创新固然是一种发展途径,但中国互联网发展核心技术不可受制于人。" 中国工程院院士倪光南如是说。他的话正代表了中国互联网企业的心声。在商业模式创新和服务方式创新之外,他们开始探索底层核心技术的突破,并将之作为自己未来前进的 "底气"。

百度无人驾驶汽车的技术核心是提供定位、感知和决策的 "百度汽车大脑",而它只是 "百度大脑" 的一项垂直应用。"百度大脑" 代表着百度在人工智能方面投入的巨大精力,百度首席科学家吴恩达表示,为训练百度大脑的神经网络,

百度不但拿出了大量数据,还开发了高性能计算深度学习试验系统,"未来将被用于提供更多智能化在线服务"。

除百度之外,三大巨头之中的腾讯和阿里巴巴也在技术上寻求着突破。截至 2015 年 11 月,腾讯在全球的专利累计申请量已经超过 20000 件,累计授权量接近 4000 件,仅次于谷歌和雅虎。而阿里巴巴则在云计算上创造了数个全球第一:全球最大规模混合云架构、全球首个核心交易系统上云、1000 公里外交易支付 "异地多活"、全球首个应用在金融业务上的分布式关系数据库……阿里云计算总裁胡晓明表示:"这些都证明,中国云计算技术能力已经登顶全球。"

(选编自:《经济日报》)

技术创新

小组讨论 1

案例中三个方面的创新对你有什么启发？

小组讨论 2

假如你和你的小伙伴要创办一家互联网企业，你认为从哪个方面进行创新是最有可能成功的？请说出你的理由。

知识点 1　互联网时代的创新

当赖声川用舞台剧来演绎相声这一传统艺术的时候，很多人认为他将相声带入另一个表演境界。而在此时的中国大陆，郭德刚借助网络把相声从庙堂拉回到江湖。相声在经过了十几年的低迷之后，终于又走进了大众。赖声川的舞台剧和郭德刚的传统剧场，一个是往前推，另一个是往回拉，手段不同，但效果是一样的：相声得以创新。

如果说人类社会的发展是创新叠加过程的话，那么相声的例子告诉我们，除了个别具有划时代意义的伟大发明之外，大部分创新都是新思维和已有资源的重新整合，是社会要素进行无限排列组合的过程，这需要想象力的穿针引线。当下的互联网时代，更为创新的想象力提供了前所未有的源泉。

互联网时代创新的含义，不仅仅是某种跨越式的技术，而且是利用互联网技术创造出前所未有的商业模式。和互联网精神相契合的是，这一时代的创新往往是在开放、合作、平等与全球化的前提之下发生的。纵观美国《商业周刊》近几年评选出来的创新排头兵，大都是以 Google、苹果、百思买为代表的信息和电子服务类企业，而那些榜上有名的传统企业，也多是由于很好地利用了互联网，或者说将互联网精神融入企业管理之中。

那些在互联网时代脱颖而出，能够持续创新的企业，它们中有的是互联网服务公司，有的是电子制造商，有的是传统制造企业。创新机制各有不同，但都能总结出符合这个时代特征的一些共性来。例如，生产洗发水的宝洁和制造概念性电子产品的苹果，在借用外力进行创新方面有着惊人的相似。

《维基经济学》的两位作者泰普斯科特和威廉姆斯认为，虽然在大规模分工协作时代（这种生产方式是以信息化手段为技术支持的），企业可以打破边界，追求适合自己的创新机制，但是能够胜出的依然是对传统线性管理创新途径驾轻就熟的企业。在互联网时代出生的公司也许不会深刻理解什么是线性创新途径，也许根本不需要六西格玛，但它们自觉或不自觉地遵循着某种创新路径。

知识点 2　互联网时代创新的"5W"路线图

因为时代的特征，有的公司可能只需在某一两个环节发挥得足够精彩，就像 Housing Maps、YouTube 或者 Facebook 那样能够成功。我们试图描绘出这样一个创新路线图：

Who
Doing what
In which ways
To whom
What effect

可以看出这张图景的五个要素，即 5W 模式。这张创新路径图，也可以成为检验企业创新效率的模型。

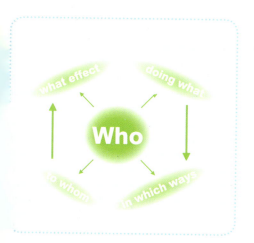

Who

Doing what

In which ways

1. 领导力（Who），决定了企业的创新风格和创新文化

领导力是企业创新机制的起点。不管是 eBay 自下而上的创新，还是苹果自上而下的创新，或是 Google 那样的工程师创新，企业创新风格的差异皆因为领导力的差异。

案例一：当布林和佩奇请施密特出山主持 Google 工作的时候，他们对这位未来 CEO 的唯一要求是不要把传统公司治理的那套东西搬来，并认为"一盘散沙"式的企业现状是激发创新思维的最好方式。

案例二：乔布斯的领导方式与布林和佩奇迥异。他是苹果创新的灵魂，又是公司的皇帝。他需要确信公司运行的每一个细节都在自己的掌握之中，他只相信自己对消费者的把握是最准确的。

2. 开放还是封闭（Doing what），无论技术风格的倾向如何，创新意识一定要开放

维基百科和《维基经济学》都在向人们昭示：尽情拥抱开放吧！不要担心因为开放而失去什么，这反而会成为一个打击对手的有效手段。

案例一：Facebook 创新性地对网民开放了 API，网民在经过了简单的训练后，都能够利用这个接口将自己个性化的一面展示出来。同样成功的例子是世界最知名的 B2C 网站亚马逊。

案例二：苹果对产品的开发过程始终守口如瓶，iPod 似乎是一个封闭的平台，却不妨碍 iPod 风靡全球。苹果产品经理的一个重要职责，就是随时关注苹果用户社区，了解消费者动向。这是否也是一种开放呢？

To whom

What effect

3. 协作生产（In which ways），开放思维下的创新生产方式，要放弃"本地发明"的固有思维

适应能力最强、反应最灵敏的企业往往是那些最愿意与别人联系的企业；而愿意与别人联系的企业往往是最擅长合作的企业；最擅长合作的企业，往往是最擅长创造、发现并运用伟大思想的企业，也就是那些能保持长期增长的企业。

20 世纪 90 年代中期，宝洁发现自己已经花费了 15 亿美元投入研发，但成果只被应用了 10%。于是，宝洁通过一个叫 yet2 的网站进行在线知识产权的转让，并努力从别人那里获得可用的专利。最终，宝洁内部闲置的专利赚到了大笔资金，同时也从外部获得了创新产品。

Google 也通过与这些企业的合作而获得了足够的长尾。Ask Jeeves 是一家小型搜索引擎公司，希望能够获得更多的客户，于是找到了 Google，希望能够在上面发布广告。Google 认为虽然两家同是搜索引擎公司，但是重合度不高。结果双方都达到了目的，Google 拿到了 Ask Jeeves 的客户渠道，而 Ask Jeeves 则在第二年达到了 1 亿美元的收入。

4. 消费者与产消合一者（To whom），创新的归宿。消费者正在向产消者转变

消费者是一个传统概念，产消合一者则是互联网语境下的概念。消费者强调了一个传播体制中的被动角色，而产消合一者则是具有主动性的角色。

苹果曾尝试过忽视消费者需求的苦果。十几年间，苹果的技术过于封闭，除自身的软件之外，无法和大部分软件兼容。虽然有着漂亮的外观，可是实用性实在太低，只是专门给尖端人士设计的。乔布斯回归之后，才迅速扭转了创新导向，使得苹果起死回生。

随着互联网的运用，消费者在某些时候也充当了设计者和生产者的角色。因为用户的参与，Second Life 正在拥有更多的内容。林登实验室更像是创意平台，来此消费的用户在进行自我生产，反过来又刺激了这个产品的品牌知名度。

5. 市场效果（What effect），检验创新是否有效的最好办法，是把产品拿到消费者中去

　　如果将能够为企业带来丰厚回报的创新称为高效创新，与市场绝缘或者被市场遗弃的创新则是无效创新，这一点对于互联网时代的创新愿景至关重要。即使前面四个部分都做得很完美，在面对市场和消费者的时候，创新显得毫无吸引力，则会使企业的整个创新行为受到打击。

　　通用汽车应该是世界上最早进行可替代能源气车研发的公司，但却没有将产品成功地推向市场，导致了这项创新拖延了十几年才和市场见面。此时，丰田已经占领了制高点。

　　利用联合平台开发的创新产品很多，但如果不考虑消费需求，最多只是一个提供娱乐的平台而已。上海一位工程师创造性地将百度和Google的搜索结果在同一个网页中展示出来，并取名baigoogledu。这个举动很有创意，但由于不具备更好的服务功能，所以只能成为网友茶余饭后的话题。

（选编自：《北大商业评论》）

Google：互联网创新模板 (选编自：《北大商业评论》)

拓展阅读

Google 已成为硅谷的传奇：1996 年，两个斯坦福大学计算机科学的博士生谢尔盖·布林和拉里·佩奇，创造了一种给网络搜索带来巨大飞跃的法则。他们认为页面的排名应该基于它被其他网页引用的频率及其可信度。Google 的搜索服务始于 1998 年，很快就获得每天超过 50 万次的查询。在接下来的几年里，Google 服务的发展和网络发展同样迅速。与 90 年代后期的网络公司不同，Google 找到了一剂万能药，能将所有的点击变成钱——通过搜索广告。在 2004 年 Google IPO 之后的 3 年里，其收入翻了 3 倍多，从 32 亿美元增长到 106 亿美元，市值也高达 1400 亿美元以上。

Google 深刻地改变了软件行业。与微软不同，Google 通过网络，以在线服务的形式来发布软件，而不是通过传统零售渠道出售有形产品。微软的收入大部分来自于专利授权费，Google 则通过出售与搜索内容相关的广告来赚钱。微软的应用程序是设计用来与其他产品无缝合作、与 Windows 操作系统紧密结合的，而 Google 的搜索、Gmail 和 Google 地图等都是独立产品。因此，如果微软想在其交错的产品线中升级某个部分，必须面临很高的复杂性，Google 则不需要。

Google 的进化

Google 1.0：布林和佩奇发明了一种搜索引擎，吸引了数百万用户的眼球，但是并没有产生收益。

Google 2.0：Google 将自己的搜索功能卖给美国在线（AOL）、雅虎以及其他一些公司。这些合作伙伴为 Google 带来了收益，并且大大激发了搜索需求。突然间，Google 看起来像一门生意了。

Google 3.0：Google 创造了一种很聪明的模式，在搜索结果旁边卖广告。和雅虎及其他公司不同，Google 不用旗帜广告（Banner），而是类似报纸将广告和内容分开，也将广告和搜索结果区分开来。只有当用户点击该广告时，广告主才需要向 Google 付费。Google 致力于成为互联网广告空间的主导零售商。

Google 4.0：Google 最初引发争议的 Gmail，在对每一条信息进行计算机分析的基础上提供相关广告，这对 AdSense 的产生起到了一定的激发作用。它使得 Google 能够根据任意页面的内容而不是搜索结果来链接相关广告。AdSense 让网管们找到了一个将内容变成钱的新途径，极大地扩大了 Google 盈利的范围。

Google 5.0：Google 利用广告的收入来投资大量的搜索服务，包括 Google 桌面、Google 图书搜索（这是个雄心勃勃的计划，试图将世界上最优秀的图书馆藏书数字化）、Google 学者（一个用来搜索学术论文的工具）等。

Google 能否继续保持既有的发展速度，很大程度上将取决于其独特的管理模式最终是否能继承创始人所向往的适应性优势。这种模式的关键组成部分包括：

（1）"70/20/10 法则"。

它规定，Google 将投入 70% 的工程资源用于基本业务的增长，20% 集中于与公司核心相关的业务。剩下 10% 分配给一些边缘创意。

（2）像研究所一样的公司。

Google 的管理模式基于"小型工作团队"、大量的试验以及改造世界的使命。

（3）改变世界的机会。

也许真像人们说的那样，Google 人是一群骄傲的、令人惊叹的理想主义者。如果你在任何一个 Google 员工的身边坐下，很快就会发现自己陷入这样的谈话：如何让知识民主化，或者如何改变世界学习的方式？

（4）一个"莽汉免进"的地带。

Google 的领导认为，一个非凡的技术专家比一个普通的工程师更有价值，因此，他们坚持只招聘"天才中的天才"。

（5）非常的平坦，彻底的分权。

在很多情况下，Google 的组织和互联网本身是非常类似的：高度民主、紧密联系、扁平化。

（6）自我管理的小型团队。

Google 认为小团队能带来许多好处。当一个项目被打包成一个个小块时，创新很容易发生。

（7）凭本能的自由。

每一位研发人员都能自由使用 20% 的时间进行与核心业务不相关的创新思考。

（8）快速、廉价的试验。

Google 因此鼓励员工孕育许多小的"Googlettes"。简单来说，如果你能比竞争对手更快速、更廉价地进行试验，就能测试更多的创意，从而提高你获得财富的优势。

（9）不同的回报。

Google 以"是否为公司增加价值"为标准，对员工实行区别对待的报酬体系。

（10）持续的、全公司范围内的交流。

Google 内部的横向交流甚至比纵向还要密集。这并不是偶然的。Google 通过大量的投入来构建高度互联的组织，使员工能方便地共享创意。

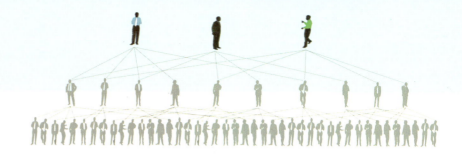

Google 创新的隐喻

虽然 Google 有一个能激发创新的管理模式，但它的财富来源仍然是搜索广告。优势在于，Google 将再也不会面对另一个 Google，因为真正革命性的、全球规模的商业模式不会每天都发生，甚至十年内都很难再出现。Google 可能也会像微软、雅虎、eBay 等公司一样，进行"过度的帝国扩张"。也许微软的"坚韧"和"聚焦"最终会胜过 Google 的"机关枪方式"。无论 Google 的未来会怎么样，它都为那些即将成为管理创新者的人提供了一些很有价值的课程。

1. 互联网本身可能就是 21 世纪管理的最好隐喻

谈到商业模式的时候，Google 属于第二代的互联网公司。但谈到管理模式的时候，Google 则是第一代的先锋——第一个围绕"以网络为中心"原则建立自身管理体系的大型上市公司。当其他网络公司选择更为传统的管理结构时，Google 使用了网络社会的结构特点——开放、扁平、柔性、不分等级——来构造自己的管理结构。这是 Google 最大的一个试验，整个世界都应该向 Google 学习，无论这个"搜索之王"是继续昂扬还是走向衰败。

2. 有经验的管理者未必是最好的管理创新者

你注意到了吗？约翰麦基，比尔·葛尔，谢尔盖布林和拉里佩奇——这些管理创新者中没有一个人进过商学院。商学院确实让你学到了很多知识，但同时你也变得教条。

另外，每个人都能学习如何挑战传统智慧。我们给出的建议是：发现那些最大胆、最有创意的人，他们可能在别的岗位上，要启用他们。

3. 人性化工作的管理创新者不可阻挡

互联网发展之所以迅速，因为它是人类能力的一个增效器——让人们更容易做自己喜欢做的事：沟通、聊天、吹牛、闲谈、发表意见、分享、调情、创造、快乐和学习。同样，人性化工作的管理者也是那些最有可能成功的人——他们能帮你的公司招募最聪明的员工。

玛丽斯梅尔和 Google 的许多新员工接触过。当问他们是什么赋予自己信心时，他们总是提到公司高度授权的工作环境。这一点也不令人惊讶。如果你创建了一个鼓励大家踊跃发言、追求激情、用"精英智慧"来取代"贵族智慧"、摆脱官僚的工作环境，很多人都会感谢你。

7.3 工业4.0创新

引导案例　**宝马工厂中的工业 4.0 创新**　（资料来源：OFweek 工控网）

位于德国慕尼黑宝马旗舰工厂内的机器人拥有着独一无二的性格以及做事风格，这些机器人统一喷涂有黄色和黑色的喷漆，并会十分优雅地通过各种转动和动作高精度地完成自己所分配到的任务。一般来说，这些机器人工作的精度和可靠性是人工的 20 ～ 50 倍。

在宝马工厂内的机器人通常都是以"团队"为单位展开协作的，而在车身和油漆车间内的机器人几乎已经完全取代了人工的作用。举例来说，当 1 号机器人臂将车身的一块钣金移动到装配线的同时，另外两台机器人已经在装配线处待命。一旦 1 号机器人臂将其安置到位并撤走自己的机器臂，另外两台机器人就会立刻将这一钣金牢牢焊接到车身中。

而且，这些机器人还可以根据车身零部件上无线射频识别标签的不同而分辨出具体的物品，并对此做出不同的动作。

在宝马的车身车间，我们发现这里充斥着各种各样的机械噪音，你可以理解为这是这些机器人正在彼此交谈的声音。而且，他们的焊接工艺也十分高超，据悉可以达到接近 0.01mm 的超高精度。

相比之下，宝马的喷漆车间则安静许多，在这个车间工作的机器人会套上保护工作服，并"手持"每秒可以高速旋转 4 万次的马达喷嘴来对车身进行均匀喷涂，喷涂的精度则可以达到 0.1mm 的超高精度。而且，这些机器人的"手指"还会对喷出的油漆进行带电处理，这样做的目的是让油漆更加贴合车身表面。在这儿，机器人可以根据车身标签知道具体的车型以及要求上漆的颜色，并可以在数秒钟内完成油漆的更换以及灌装。

更重要的是，这些机器人无须休息，每天可以为宝马慕尼黑工厂生产出 1000 辆新车，且每一部都能够满足消费者的定制化需求。而且，在这个工厂中的车辆库存时间通常只有数小时，因此资源利用率也达到了最大化。

（图片来源：大连市企业联合会，©BMW）

全新世界观

的确，机器人在工作环境中同人力天差地别，而工业革命兴起之后人们也一直被一个问题所困扰，那就是："机器人的出现究竟是为了帮助人们更好地完成工作，还是意在彻底取代人类的作用？随着机器人变得越来越智能和灵活，它们是否会在未来逐渐取代一些技术含量更高的工作和职业？它们会逐渐具备像人类一样的思维能力，并最终展开反抗吗？"

对于最后这个问题，美国电动汽车厂商 CEO 埃隆·马斯克 (Alon Musk) 就曾表示："人工智能已经成为了当今世界最大的威胁。"

德国工业领域将如今全球的数字科技革新称为"工业 4.0"，其他人则将其称为"物联网"。但他们想表达的意思是相同的，那就是数字科技已经变得越来越廉价、高效，并开始逐渐渗透到当今世界每个领域创新、工程、生产、运输以及维护的各个角落中。

同时，包括诸如 3D 打印这些新兴技术的出现已经对全球经济产生了重大影响，大大降低了许多服务和产品的价格，却也在同时提高了产品的质量和种类，而产品质量和价格在此前几乎是不可能同时得到满足的。

事实上，除了生产线工人和办公室文职人员每天都在从事相同的工作外，包括高级技工、图书馆管理员、税务人员、会计及部分律师其实也在从事重复工作，而他们都极有可能在工业 4.0 时代被机器人所取代。此外，火车、卡车司机，飞机驾驶员，健康卫生技术人员，甚至是经济学家这些职业也极有可能在未来感受到来自机器人的威胁。

与此同时，工业 4.0 时代也为我们带来了许多全新的工作岗位，网页设计师、网站营销顾问、数字内容编辑、网站律师、智能应用开发者等都是在 20 年前根本无法想象的名词，而这些都是人工智能机器暂时还无法企及的领域。

巨大利好

可以肯定的是，数字工业革命的来袭也为人们带来了巨大契机，因为人类具有非凡的适应能力，而全新的工作岗位也在不断涌现。

具体来说，虽然机器开始接手越来越多的重复性工作，但同时也为市场创造出了许多全新的工作岗位，因为当今世界有许多工作都是机器所无法胜任的，而这些工作大多要求人们具备独立、创新，或者感性的特质。例如，在法庭上进行申诉、撰写诗歌、表演莎士比亚音乐剧、理发、种植花朵、烹饪都是机器人在可预见的未来所无法胜任的工作。

这一点在宝马的慕尼黑工厂以及其他一些高科技工厂内都可见一斑。因为连线、设计、安装内饰和仪表盘这些工作目前完全由人力完成，劳斯莱斯和宝马 7 系部分车型所使用的 12 缸引擎是由技师手工组装的，简单一些的 8 缸引擎组装过程调用了不到 20% 的自动化组装技术，而标准 4 缸引擎的组装流程也仅仅使用到了 50% 的自动化技术。

负责为宝马工厂提供机器人的西门子工厂内部使用了大量的传感器传输带供应系统，该系统允许所有贴上条形码标签的零部件进入传送带，根据需求自动调整零部件的传送速度，同时允许插队情况的出现。但即便是在这样一座标准工业 4.0 工厂中，也仅有 75% 的流程是完全自动化的。

该工厂生产经理斯蒂芬·瑞秋尔表示："这一比例有望在未来达到 80%，但部分工作肯定将只能由人力完成。比如，一些产量非常小的产品或者非常精密的零部件就目前而言显然还不适合完全交由自动化机器人来完成。"

瑞秋尔和其他一些西门子高管均认为，他们并不是希望机器人和自动化技术让人力变得过时，而是希望通过这一方式增强他们的工作能力，同时他们也将这些能够同人类员工协同工作的机器人称为"机器同事"。瑞秋尔强调，机器人相比人类员工拥有着更低的出错率，而这对于工厂自动化而言非常重要。

从数据上来看，人类员工每展开 100 万次操作就会出现 500 次的失误，而机器人的这一出错概率仅为每百万次 11.5 次。瑞秋尔表示，公司未来的目标是将这一出错率进一步降低至每百万次 1.5 次。

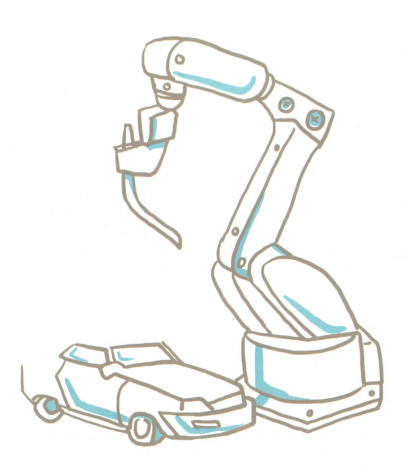

鞭长莫及

　　技术的进步是持续不断,且无法终止的,而如今电脑和机器人所能胜任的工作都是我们在十年前所无法想象的。而且随着电脑处理器性能的井喷,单一设备已经可以有效地处理来自多个传感器的多项数据,并给设备下达更多实时指令。

　　未来,我们的工作环境中将看到更多机器人同事的出现,而企业也会给予那些具备机器人所无法驾驭工作技巧的员工更高的薪酬,这恰恰也是布吕诺尔夫松和迈克菲在他们新书中的主要观点之一。

　　但需要指出的是,这些具备机器人所无法驾驭工作技巧的员工通常不会是传统教育方式下的产物,因为谷歌的拉里·佩奇(Larry Page)、赛吉尔·布林(Sergei Brin),亚马逊的杰夫·贝索斯(Jeff Bezos)以及 Wikipedia 的创始人吉米·威尔士(Jimmy Wales)所接受的都是蒙台梭利(Maria Montessori,意大利幼儿教育家、意大利第一位女医生,意大利第一位女医学博士,女权主义者,蒙台梭利教育法的创始人)式的教育方法。这一教育方法鼓励学生不因循守旧、恪守常规。

知识点 1 什么是工业 4.0

小组讨论

1. 在宝马的这座工厂中，你看到了哪些创新？

2. 试着用具体案例描述一下你心目中的工业 4.0。

工业 4.0 是德国政府提出的一个高科技战略计划。该项目由德国联邦教育局及研究部和联邦经济技术部联合资助，投资预计达 2 亿欧元。旨在提升制造业的智能化水平，建立具有适应性、资源效率及人因工程学的智慧工厂，在商业流程及价值流程中整合客户及商业伙伴。其技术基础是网络实体系统及物联网。

德国所谓的工业四代 (Industry 4.0) 是指利用物联信息系统 (Cyber-Physical System, CPS) 将生产中的供应、制造、销售信息数据化、智慧化，最后达到快速、有效、个人化的产品供应。

"自动化+机器人+网络 =工业 4.0"。这是一个简单的关于工业 4.0 的方程，浅显易懂。

首先，研究智能化生产系统及过程，以及网络化分布式生产设施的实现。

其次，将生产物流管理、人机互动以

及 3D 技术在工业生产过程中进行应用。

最后，通过互联网、物联网、务联网，整合物流资源，充分发挥现有物流资源供应方的效率，而需求方则能够快速获得服务匹配，得到物流支持。

这种集"智能生产"、"智能工厂"、"智能物流"于一身的工业化模式，将建立一个高度灵活的个性化和数字化的产品与服务的生产模式。在这种模式中，传统的行业界限将消失，并会产生各种新的活动领域和合作形式。创造新价值的过程正在发生改变，产业链分工将被重组。

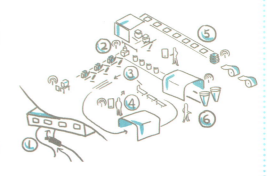

知识点 2 工业 4.0 的创新领域

德国信息产业、电信和新媒体协会（BITKOM）与弗劳恩霍夫应用研究促进学会（Fraunhofer）的研究报告中的一幅图描绘了德国"工业 4.0"所涉及的技术。

从图 7-1 中可以看出，德国"工业 4.0"中涉及的技术主要有五大方面：通过自动化设备、智能机器人和虚拟现实技术等实现智能工厂；通过物联网、传感器和嵌入式系统实现软硬件的信息物理融合；基于云计算的大数据采集与挖掘；基于健壮性网络的移动通信与移动设备；网络安全与工控系统信息安全。

"工业 4.0"中首先要打造智能工厂，在生产设备中广泛部署传感器，使其成为智能化的生产工具，从而实现工厂的监测、操控智能化。未来的智能工厂中，产品零部件本身附带相应信息，它们会根据自身生产需求，直接与生产系统和生产设备沟通，传达所需生产过程的操作指令，直至生产设备将自己生产出来。同时，在生产制造过程中，通过动态配置生产资源，实现柔性生产，从而使制造过程的效率更高、资源的配置更加合理，产品生产周期更短，更具个性化。

"工业 4.0"本质是基于"信息物理系统"实现"智能工厂"。在生产设备层面，通过嵌入不同的物联网传感器进行实时感知。通过宽带网络，通过数据对整个过程进行精确控制。在生产管理层面，通过互联网技术、云计算、大数据、宽带网络、工业软件、管理软件等一系列技术构成服务互联网，实现物理设备的信息感知、网络通信、精确控制和远程协作。

图 7-1 德国"工业 4.0"涉及的技术

　　根据现掌握的资料来看，我们可以把工业 4.0 归纳为"①"～"⑥"的六个要点，以便于迅速掌握工业 4.0 的基本情况：

　　"①"即一个核心——网络物理融合式生产系统（Cyber Physical System，CPS）。在《高技术战略 2020》的计划行动中，德国联盟政府为未来项目"工业 4.0"设立了雄心勃勃的目标——德国要成为现今工业生产技术（即 CPS）的供应国和主导市场。

　　"②"即两大主题——智慧工厂和智能生产。"智能工厂"，重点研究智能化生产系统以及过程；"智能生产"，主要涉及整个企业的生产物流管理、人机互动等。

　　"③"即三个设想——产品、设施和管理。产品集成有动态数字存储器、感知和通信能力，承载着在其整个供应链和生命周期中的各种必需信息；设施由整个生产价值链所集成，可实现自组织；管理的目标是能够根据当前的状况灵活决定生产过程。

　　"④"即四大重要技术——大数据、物联网、云计算和 3D 打印。大数据是实现工业 4.0 信息处理和价值创造的核心；物联网提供基础设施和构建平台；云计算完成数据存储的便利；而 3D 打印在满足了智能生产的需求后，为 CPS 的实现提供了最大的可能。

　　"⑤"～"⑥"即工业 4.0 时代是从 5M 转向 6C 的过程。

　　在工业 3.0 时代，传统制造业模式的特征可以用 5 个 M 来概括，即 Material（材料，包含了其功能与特性）、Machine（机器，指加工能力和精度）、Methods（方法，指产能和生产效率）、Measurement（测度，指如何探测与改进）和 Modeling（建模，指对生产流程的预测、优化和防范）。

　　在工业 4.0 时代，制造业生产方式则将向六个 C 转变，即：

　　Connection（连接，主要指传感器和网络）、
　　Cloud（云储存，即任意时间和需求的数据）、
　　Cyber（虚拟网络，包括模式与记忆）、
　　Content（内容，是指相关性及含义）、
　　Community（社群，包含分享和交际的功能）
　　Customization（定制化，指个性化的价值与服务）。

　　在此时代，工业机器、设备、存储系统以及运营资源可以利用现代网络通信技术连接成网络。这些工厂与机器设备不仅可以随时随地进行信息分享，而且互相连接的系统可以独立地自我管理（自组织）。

 **拓展阅读 工业 4.0 六大案例**

(资料来源：中国机器人网)

1

德国安贝格西门子智能工厂

作为工业 4.0 概念的提出者，德国也是第一个实践智能工厂的国家。位于德国巴伐利亚州东部城市安贝格的西门子工厂就是德国政府、企业、大学以及研究机构合力研发全自动、基于互联网智能工厂的早期案例。占地 10 万平方米的厂房内，员工仅有 1000 名，近千个制造单元仅通过互联网进行联络，大多数设备都在无人力操作状态下进行挑选和组装。最令人惊叹的是，在安贝格工厂中，每 100 万件产品中，次品约为 15 件，可靠性达到 99%，追溯性更是达到 100%。这样的智能工厂能够让产品完全实现自动化生产，堪称智能工厂的典范！

2

德国博世洪堡工厂

作为全球第一大汽车技术供应商，博世的汽车刹车系统（ABS&ESP）在市场上有相当的实力。博世洪堡工厂，作为博世公司旗下智能工厂的代表，其生产线的特殊之处在于，所有零件都有一个独特的射频识别码，能同沿途关卡自动"对话"。每经过一个生产环节，读卡器会自动读出相关信息，反馈到控制中心进行相应处理，从而提高整个生产效率。在洪堡工厂引入的射频码系统需几十万欧元，但由于库存减少 30%，生产效率提高 10%，由此可节省上千万欧元的成本。独立的射频码给博世公司旗下工厂的 20 多条生产线带来了低成本高效率的回报。而这种让每个零件都能说话的技术，也是智能工厂的重要体现形式。

3

德国巴斯夫化工集团凯泽斯劳滕工厂

还是对于射频码的利用，传统化工巨头巴斯夫则在这方面更进一步。巴斯夫位于凯泽斯劳滕的试点智能工厂所生产的洗发水和洗手液已经完全实现自动化。随着网上的测试订单的下达，其生产流水线上的空洗手液瓶贴着的射频识别标签会自动地跟生产机器进行通信，告知后者它需要何种肥皂、香料、瓶盖颜色和标记。在这样的流水线上，每一瓶洗手液都有可能跟传送带上的下一瓶全然不同。该试验依赖于无线网络，机器和产品通过无线网络完成所有的通信工作，唯一需要的人工输入就只是下达样本订单。虽然是个实验，但这种由客户直接下单到工厂的运作方式，足以给智能工厂的模式提供另一种发展途径。

4

中国九江石化智能工厂

在工业 4.0 的风潮下，中国在此方面也并非完全无所作为。九江石化作为中国的第一家智能工厂试点，为实现可视化、实时化、智能化的生产和管理要求，与华为进行战略合作，在信息通信、生产协作、智能管理等领域开展广泛合作，共同打造世界一流智能工厂的基础设施。

基于华为在通信和数据信息方面的技术实力，完成了工厂 LTE 无线宽带网络、调度系统、视频会议系统、视频监控系统、存储、巡检终端等设备的布局。虽然，目前工厂还未达到工业 4.0 所要求的智能工厂的运营标准，但在未来，依靠华为在大数据、云计算方面的技术优势，九江石化将建设一个云数据中心，实现虚拟化、云计算等 IT 智能化管理，进一步节省能源消耗率，提升资源利用率，实现更智能化的运营。

5

美国工业互联网联盟

由于制造业巨头德国提出了工业 4.0 战略，大大刺激了处于世界高端技术的领导地位的美国。所以，由通用公司倡导的"工业互联网"战略在美国兴起。进而，AT&T、思科、通用电气、IBM 和英特尔几家互联网巨头宣布成立美国工业互联网联盟，正式进入美国工业 4.0 时代。

工业互联网的理念与德国提出的工业 4.0 本质上如出一辙，就是将虚拟网络与实体连接，形成更具有效率的生产系统。但二者不同的是，由于美国在软件和互联网经济领域处于世界领先地位，美国更侧重于在软件服务方面推动新一轮工业革命，希望用互联网激活传统工业，保持制造业的长期竞争力。而德国在制造业一枝独秀，智能工厂的发展成为了德国的最优之选。

6

红领集团个性化定制平台

在中国试水"工业 4.0"模式的"头羊"是红领集团。红领集团的特色体现在两方面：首先，红领集团实现了设计数据化。他们用数十年时间，搭建了包含流行元素的版型数据、款式数据、工艺数据库，能满足超过百万种的设计组合。整个企业的全部业务流程都以数据驱动。数据流贯穿设计、生产、营销、配送、管理的全过程。其次，人机协同。红领集团通过员工来实现产品的个性化和人性化，同时降低了开发成本。

红领集团的个性化定制平台将制造商和顾客置于同一个平台上，快速收集顾客分散、个性化的需求数据，整合了前端的消费者社区和后端的云平台。可以说，红领集团打造了一种智能产业链。

参考文献

专著：
【1】（美）约瑟夫·熊彼特. 经济发展理论 [M]. 何畏，易家详等译. 北京：商务印书馆，1990.
【2】万炜，朱国玮. 创业案例集锦 [M]. 北京：中国人民大学出版社，2013.
【3】彼得·德鲁克. 创新与企业家精神 [M]. 蔡文燕译. 北京：机械工业出版社，2009.
【4】（美）杰夫·戴尔，（美）赫尔·葛瑞格森，（美）克莱顿·克里斯坦. 创新者的基因 [M]. 曾佳宁译. 北京：中信出版社，2013.
【5】（英）爱德华·德·博诺. 六项思考帽 [M]. 冯杨译. 太原：山西人民出版社，2013.
【6】Alex Faickney Osborn. Your Creative Power [M]. Scribner, 1948.
【7】Alex Faickney Osborn. Wake Up Your Mind: 101 ways to develop creativeness [M]. New York, London: Charles Scribner's Sons, 1952.
【8】（美）亨利·切萨布鲁夫，（美）维姆·范哈佛贝克，（美）乔·韦斯特. 开放创新的新范式 [M]. 陈劲等译. 北京：科学出版社，2010.
【9】（美）宾厄姆，（美）斯普拉德林. 开放式创新：企业如何在挑战中创造价值 [M]. 涂文文译. 北京：人民邮电出版社，2012.
【10】（美）维贾伊·戈文达拉扬，（美）克里斯·特林布尔. 战略创新者的十大法则——从创意到执行 [M]. 马一德，罗春华译. 北京：商务印书馆，2008.
【11】林桂平，魏炜，朱武祥. 透析盈利模式：魏朱商业模式理论延伸. 北京：机械工业出版社，2014.
【12】（美）朱安妮塔·布朗，（美）戴维·伊萨克. 世界咖啡：创造集体智慧的汇谈方法 [M]. 郝耀伟译. 北京：机械工业出版社，2010.
【13】金元浦. 文化创意产业概论 [M]. 北京：高等教育出版社，2010.
【14】李庆本，陈小龙，臧晓雯，王曦. 文化创意产业："北京模式"与"昆士兰模式"比较研究 [M]. 北京：北京大学出版社，2015.
【15】赵大伟. 互联网思维独孤九剑 [M]. 北京：机械工业出版社，2014.
【16】吴帝聪，陈小勤. 一本书读懂互联网＋[M]. 广州：广东人民出版社，2015.
【17】曹磊，莫岱青. 互联网＋海外案例 [M]. 北京：机械工业出版社，2015.
【18】（德）阿尔冯斯·波特霍夫，（德）恩斯特·安德雷亚斯·哈特曼. 工业 4.0（实践版）：开启未来工业的新模式、新策略和新思维 [M]. 刘欣译. 北京：机械工业出版社，2015.
【19】（美）李杰（Jay Lee）. 工业大数据：工业 4.0 时代的工业转型与价值创造 [M]. 邱伯华译. 北京：机械工业出版社，2015.

期刊：
【1】王林，王荣华. 从星巴克的成功谈商业模式创新 [J]. 对外经贸，2014(1).
【2】史宪文. 大英图书馆搬迁 [J]. 人民文摘，2010(11).
【3】彼得·杜拉克. 意外之事与创新 [J]. 西部论丛，2004(5).
【4】刘兰兰，蒋晓，李世国. 情境故事法在产品设计开发中的应用 [J]. 包装工程，2007(12).
【5】胡雪梅. 奥斯本 6M 法则 [J]. 管理现代化，2001(1).

学位论文：
【1】杨志强. 开放式创新模式研究 [D]. 南开大学博士学位论文，2009.

网络资源：
【1】安全玻璃的发明 [EB/OL].
果壳网，http://www.guokr.com/article/5802/.
【2】2 年，1.8mm 的进化 [EB/OL].
中金在线，http://news.cnfol.com/shangyeyaowen/20141225/19781590.shtml.
【3】一场由数十万人参与的创新风暴 [EB/OL].
就爱阅读网，http://www.92to.com/xinli/2014/10-21/1085381.html.

【4】iPod 的成功模式 [EB/OL].
圣才学习网, http://yingyu.100xuexi.com/view/specdata/20121107/2a8d2d22-b15e-46f6-bde4-5fd8311af6a5.html
【5】知识点 3: 创新的形式 [EB/OL].
小木虫, http://muchong.com/html/200607/284344.html.
【6】2015 年, 这 6 大科技创新将改变你生活 [EB/OL].
网易, http://tech.163.com/14/1224/10/AE7L2CHR000915BD.html.
【7】彩色电扇的故事 [EB/OL].
逍遥右脑记忆, http://www.jiyifa.com/siwei/77986.html.
【8】定式思维、偏见思维 [EB/OL].
左岸读书, http://www.zreading.cn/archives/4074.html.
【9】再也不怕上医院了, 儿童医院里的可爱 CT 机 [EB/OL].
煎蛋网, http://jandan.net/2013/09/01/pirate-themed-ct.html.
【10】创新者的特征 [EB/OL].
微头条, http://www.wtoutiao.com/p/13f22iX.html.
【11】创新者基因: 掌握破坏性创新的五项技能 [EB/OL].
创业邦, http://www.cyzone.cn/a/20110902/215674.html.
【12】如何运用同理心把核磁共振仪设计成海盗船 [EB/OL].
头条易读, http://www.weixinyidu.com/n_2044273.
【13】同理心地图的应用案例 [EB/OL].
简报小学堂, http://powerpoint.tw/index.php/empathy-map-02/.
【14】无印良品成功秘诀: 冷酷的用户洞察 [EB/OL].
创业邦, http://www.cyzone.cn/a/20140208/254117.html.
【15】"亲密接触"消费者的洞察力 [EB/OL].
慧聪网, http://info.ceo.hc360.com/2009/05/21101578090.shtml.
【16】奥斯本创新法则: 中国企业新产品研发方向 [EB/OL].
全球品牌网, http://www.globrand.com/2004/4169.shtml.
【17】全员创新时代的制胜利器——企业创新能力与方法速览 [EB/OL].
IEG 创新, http://www.chuangxinieg.com/fangfayanjiu/512.html.
【18】宝洁的成功秘诀——开放式创新 [EB/OL].
清华大学技术创新研究中心, http://www.innovation.tsinghua.edu.cn/column/INDEX.
【19】亨利·切萨布鲁夫区分了两种不同形式的开放式创新 [EB/OL].
创新管理(中文版块), http://www.innovationmanagement.se/2012/10/05/open-innovation-past-and-present-an-exclusive-interview-with-henry-chesbrough-cn/.
【20】拥抱开放式创新 [EB/OL].
埃森哲《展望》期刊, https://www.accenture.com/cn-zh/insight-outlook-embrace-open-innovation.
【21】围墙外的创新 [EB/OL].
21 世纪经济报道, http://www.techweb.com.cn/news/2012-09-15/1237108.shtml.
【22】美的开放创新平台白电巨头日趋分化 [EB/OL].
21 世纪经济报道, http://epaper.21jingji.com/html/2015-09/09/content_1155.htm.

【23】亚马逊拥有盈利模式, 却为何一直亏损? [EB/OL].
网易, http://money.163.com/13/1104/08/9CQRTOAS00253G87.html.
【24】什么是"盈利模式" [EB/OL].
人人都是产品经理, http://www.woshipm.com/it/165414.html.
【25】如何设计盈利模式? [EB/OL].
微头条, http://www.wtoutiao.com/p/Q836i2.html.
【26】名企三大年度战略创新 [EB/OL].
中国人力资源开发网, http://www.chinahrd.net/article/2012/11-16/84829-1.html.
【27】战略创新的思考 [EB/OL].
世界经理人网站, http://www.ceconline.com/strategy/ma/8800067564/01/.
【28】Nike+iPod 运动套件 [EB/OL].
世界经理人网站, http://www.ceconline.com/operation/ma/8800050559/01/.
【29】让创新团队高效有三个秘诀 [EB/OL].
三亿文库, http://3y.uu456.com/bp-3last726u775c1m2zb48_1.html.
【30】在 3M 中国公司, 高绩效的创新团队是怎样工作的? [EB/OL].
世界经理人网站, http://www.ceconline.com/operation/ma/8800050560/01/.
【31】创新型领导者的十大特征 [EB/OL].
经理人分享, http://www.managershare.com/post/165074.
【32】世界咖啡 [EB/OL].
The World Café, http://www.theworldcafe.com.
【33】文化创意产业 [EB/OL].
中国文化创意产业网, http://www.ccitimes.com/.
【34】三大创新让互联网加速前行 [EB/OL].
经济日报, http://www.ce.cn/xwzx/gnsz/gdxw/201512/16/t20151216_7583810.shtml.
【35】深度冲击波: 互联网时代创新路线图 [EB/OL].
网易科技, http://tech.163.com/special/00092K6D/netinnovation.html.

图书在版编目（CIP）数据

创新思维训练与创造力开发 / 陈工孟主编 .——北京：
经济管理出版社，2016.8 （2017.9重印）
ISBN 978-7-5096-4490-4

Ⅰ.①创… Ⅱ.①陈… Ⅲ.①创造性思维 - 教材②创
造能力 - 能力培养 - 教材 Ⅳ.① B804.4 ② G305

中国版本图书馆 CIP 数据核字（2016）第 152879 号

组稿编辑：魏晨红
责任编辑：魏晨红
责任印制：黄章平

出版发行：经济管理出版社
　　　　　（北京市海淀区北蜂窝 8 号中雅大厦 A 座 11 层 10038）
网　　址：www.E-mp.com.cn
电　　话：（010）51915602
印　　刷：北京市海淀区唐家岭福利印刷厂
经　　销：新华书店
开　　本：787mm×1092mm/16
印　　张：18.5
字　　数：304 千字
版　　次：2016年8月第1版 2020年12月第9次印刷
书　　号：ISBN 978-7-5096-4490-4
定　　价：68.00 元

http://ee.gtafe.com/　　　GTA 创新创业系列教材